高质量发展建设共同富裕示范区研究丛书
中国社会科学院组织编写

党建引领
建设共同富裕示范区的浙江探索

张树华　陈承新　等著

中国社会科学出版社

图书在版编目（CIP）数据

党建引领建设共同富裕示范区的浙江探索/张树华等著. --北京：中国社会科学出版社，2024.10
（高质量发展建设共同富裕示范区研究丛书）
ISBN 978-7-5227-2691-5

Ⅰ.①党… Ⅱ.①张… Ⅲ.①区域经济发展—研究—浙江 Ⅳ.①F127.55

中国国家版本馆CIP数据核字（2023）第194971号

出 版 人	赵剑英
责任编辑	范晨星
责任校对	王 龙
责任印制	王 超

出　　版	中国社会科学出版社
社　　址	北京鼓楼西大街甲158号
邮　　编	100720
网　　址	http://www.csspw.cn
发 行 部	010-84083685
门 市 部	010-84029450
经　　销	新华书店及其他书店
印　　刷	北京君升印刷有限公司
装　　订	廊坊市广阳区广增装订厂
版　　次	2024年10月第1版
印　　次	2024年10月第1次印刷
开　　本	710×1000　1/16
印　　张	10.5
字　　数	142千字
定　　价	58.00元

凡购买中国社会科学出版社图书，如有质量问题请与本社营销中心联系调换
电话：010-84083683
版权所有　侵权必究

总　　序

2021年，在迎来建党百年华诞的历史性时刻，党中央对推进共同富裕作出了分阶段推进的重要部署。其中意义非同小可的一条：浙江被明确为全国首个高质量发展建设共同富裕示范区，要在推进以人为核心的现代化、实现全体人民全面发展和社会全面进步的伟大变革中发挥先行和示范作用。于浙江而言，这既是党中央赋予的重大政治责任和光荣历史使命，也是前所未有的重大发展机遇。浙江发展注入了新的强劲动力！

理论是实践的先导，高质量发展建设共同富裕示范区离不开理论创新。基于理论先行的工作思路，2021年5月，中共浙江省委与中国社会科学院联合启动了"浙江省高质量发展建设共同富裕示范区研究"重大课题研究工作。

两年多来，课题组在深入调查、潜心研究的基础上，形成了由13部著作组成、约260万字篇幅的课题成果——"高质量发展建设共同富裕示范区研究丛书"。这套丛书不仅全景式展现了浙江深入学习习近平总书记关于共同富裕的重要论述精神，扎实落实《中共中央　国务院关于支持浙江高质量发展建设共同富裕示范区的意见》的工作实践，而且展现了浙江在全域共富、绿色共富、对外开放、金融发展、产业体系、数字经济、公共服务、养老保障等共同富裕不同方面的特点和基础，也展现了浙江围绕示范区建设边学边谋边干、经济社会高质量发展取得的一系列新突破。

由13部著作组成的这套丛书，各有各的侧重点。其中，李雪松等著的《浙江共同富裕研究：基础、监测与路径》，从共同富裕的科学内涵出发，分析了浙江高质量发展建设共同富裕示范区的基础条件，提出了共同富裕的指标体系和目标标准。魏后凯、年猛、王瑜等著的《迈向全域共富的浙江探索》，从城乡协调、区域协调和乡村振兴角度，阐述了浙江打造城乡区域协调发展引领区的经验做法。张永生、庄贵阳、郑艳等著的《浙江绿色共富：理念、路径与案例》，由"绿水青山就是金山银山"发展理念在浙江诞生的历程入手，系统阐述了浙江践行绿色发展道路、打造美丽浙江，实现生态经济和生态富民的生动实践。姚枝仲等著的《高水平对外开放推动共同富裕的浙江实践》，重点阐述了浙江在高水平开放推动自主创新、建设具有国际竞争力的现代产业体系、提升经济循环效率、实施开放的人才政策、促进城乡和区域协调发展、发展文化产业和丰富人民精神文化生活、实现生态文明和绿色发展等方面的成效。王震等著的《基本公共服务均等化与高质量发展的浙江实践》，从公共财政、公共教育、医疗卫生、养老服务、住房保障等若干角度阐述了浙江公共服务高质量发展和均等化，进而构建激励相容的公共服务治理模式的前行轨迹。张翼等著的《共同富裕与养老保障体系建设的浙江探索》，在系统分析浙江人口老龄化的现状与前景的同时，阐述了浙江养老保障体系建设的总体情况。张晓晶、李广子、张珩著的《金融发展和共同富裕：理论与实证》，剖析了金融发展和共同富裕的关系，阐述了浙江金融发展支持共同富裕的主要经验做法，梳理了金融发展支持共同富裕的政策发力点。张树华、陈承新等著的《党建引领建设共同富裕示范区的浙江探索》，重点阐述了浙江坚持和加强党的全面领导，凝聚全社会共同奋斗推进共同富裕示范区建设的突出特色。冯颜利等著的《精神生活共同富裕的浙江探索》，阐述了浙江在探索精神生活共同富裕、公共文化服务优质均衡发展等方面的突出成绩。黄群慧、邓曲恒等著的《以现代化产业体系建设推进共同富裕的浙江探索》,在分析现代化产业体系对共同富裕的促进作用基础上,阐述了浙江产业体系相对完备、实体经济发展强劲对于推进共同富裕的重要保障作用。都阳等著的《人口老龄化背景下高质量就业与共同富裕的浙江探索》,从分析人口老龄化背景下浙江就业发展的态势入手,梳理了浙江促进高质量就业面临的挑战和路径举措。夏杰长、刘奕等著的《数字经济和服务业高质量发展的浙江探索》,聚焦浙江数字经济和服务业高质量发展,系统探究了浙江数字经济和服务业高质量发展促进共同富裕的机理逻辑、现实探索和困难挑战等问题。汪德华、鲁建坤等著的《共同富裕与财税政策体系构建的浙江探索》,围绕财税体制和财税政策,阐述了浙江在资金直达基层、"钱随人走"制度改革、市县财政收入激励奖补机制、"一事一议"财政奖补体制等方面取得的重要进展。

应当说,"高质量发展建设共同富裕示范区研究丛书"的撰写,也是中国社会科学院建设中国特色新型智库、发挥智库作用的一次重要探索。中国社会科学院始终坚持学术研究与对策研究相结合,理论研究服务于党中央和国家的需要。作为为党中央和国家决策服务的思想库,只有回应时代的呼唤,认真研究解决重大理论和现实问题,才能真正把握住历史脉络,找到发展规律,真正履行使命,推动理论创新。

中国社会科学院和浙江省有着长期良好的合作传统和合作基础,这套丛书是中国社会科学院和浙江省合作研究的又一结晶。在此前的两次合作研究中,2007年"浙江经验与中国发展——科学发展观与和谐社会建设在浙江"(6卷本)和2014年"中国梦与浙江实践"系列丛书,产生了广泛而深远的社会影响。

中共浙江省委始终高度重视此项工作,省委主要领导多次作出批示,对课题研究提供了大力支持。中国社会科学院抽调了12个研究所(院)的研究骨干组成13个子课题组,多次深入浙江省实地调研。调研期间,合作双方克服新冠疫情带来的种种困难,其间的线上线下交流讨论、会议沟通不计其数。在此，我们要向付出辛勤劳动的各位课题组专家表示衷心感谢！

  站在新的更高历史起点上，让我们继续奋力前行，不断谱写高质量发展建设共同富裕示范区浙江实践、共同富裕全国实践的新篇章。

"高质量发展建设共同富裕
示范区研究丛书"课题组
2024 年 1 月 3 日

前　言

一

中国共产党从成立之日起，就坚持把为中国人民谋幸福、为中华民族谋复兴作为自身的初心使命。100年的奋斗历程，就是一部为人民美好生活实现共同富裕而奋斗的历史。坚持党的领导是中国式共同富裕的本质属性与比较优势。我们党没有自己特殊的利益，在任何时候都把群众利益放在第一位，这是我们党作为马克思主义政党区别于其他政党的显著标志。

当前，我们正在向第二个百年奋斗目标迈进。要适应我国社会主要矛盾的变化，更好满足人民日益增长的美好生活需要，必须把促进全体人民共同富裕作为为人民谋幸福的着力点，不断夯实党长期执政基础。高质量发展需要高素质劳动者，只有促进共同富裕，提高城乡居民收入，提升人力资本，才能提高全要素生产率，夯实高质量发展的动力基础。

当前，全球收入不平等问题突出，一些国家贫富分化，中产阶层塌陷，导致社会撕裂、政治极化、民粹主义泛滥，教训十分深刻。

同时，我们必须清醒地认识到，我国发展不平衡、不充分问题仍然突出，城乡差距、区域发展差距、收入分配差距较大。新一轮科技革命和产业变革在推动经济发展的同时，也对就业和收入分配产生深刻影响，需要有效应对。

公平公正、实现共同富裕是社会主义的本质要求。共同富裕是社会主义的本质要求，是中国式现代化的重要特征。改革开放初期，我们党深刻总结正反两方面历史经验，认识到贫穷不是社会主义。通过改革创新，打破传统体制束缚，允许一部分人、一部分地区先富起来，推动解放和发展社会生产力。党的十八大以来，党中央把握发展阶段新变化，把逐步实现全体人民共同富裕摆在更加重要的位置上，推动区域协调发展，采取有力措施保障和改善民生，打赢脱贫攻坚战，全面建成小康社会，为促进共同富裕创造了良好条件。现在，已经到了扎实推动共同富裕的历史阶段。

推进共同富裕是一项长期艰巨复杂的系统工程，我们要坚持依照中国特色社会主义制度展开，充分发挥制度的内在优势，走中国式共同富裕之路。

办好中国的事情，关键在党。中国特色社会主义最本质的特征是中国共产党领导，中国特色社会主义制度的最大优势是中国共产党领导。共同富裕首先要充分发挥党的领导体制机制作用，发挥各级党委总揽全局、协调各方的作用，落实好中央统筹、省市总责、市县抓落实的管理体制。

要立足社会主义初级阶段，坚持"两个毫不动摇"。要坚持公有制为主体、多种所有制经济共同发展，大力发挥公有制经济在促进共同富裕中的重要作用，同时促进非公有制经济健康发展、非公有制经济人士健康成长。要允许一部分人先富起来，同时要强调先富带后富、帮后富，重点鼓励辛勤劳动、合法经营、敢于创业的致富带头人。

二

研究比较国外社会政策、财富分配经验的结果表明，共同富裕问题是关乎经济、社会体制的系统工程,是政党竞争和政策宣示的主要内容。近年来,世界上许多国家解决社会财富分配、扶危济困等问题不局限于收入分配领域,而是作为市场经济和社会工程的重要内容。通常来看,政府增加社会支出、提供优质的社会基础设施、均衡优质的公共服务、构筑共享的生活环境等都是迈向共同富裕的应有之义。在我国,迈向共同富裕首先需要缩小"三大差距",而其中城乡差距、区域差距更是需要在党和政府主导和统筹下全链条、全方位推进。

推进公共服务均衡发展。公共服务高质量供给,既能为推进共同富裕"增能",也能为巩固共同富裕"托底",是实现共同富裕的重要途径和重要标志。其中,低收入群体是促进共同富裕的重点帮扶保障人群。加大普惠性人力资本投入,有效减轻困难家庭教育负担,提高低收入群众子女受教育水平。完善养老和医疗保障体系,逐步缩小职工与居民、城市与农村的筹资和保障待遇差距,逐步提高城乡居民基本养老金水平。完善兜底救助体系,加快缩小社会救助的城乡标准差异,逐步提高城乡最低生活保障水平,兜住基本生活底线。完善住房供应和保障体系,坚持房子是用来住的、不是用来炒的定位,租购并举,因城施策,完善长租房政策,扩大保障性租赁住房供给,重点解决好新市民住房问题。

要想"共富",先减"共负"。共同富裕是一个长远目标,需要一个过程,不可能一蹴而就,对其长期性、艰巨性、复杂性要有充分估计,办好这件事,等不得,也急不得。一些发达国家工业化搞了几百年,但由于社会制度原因,共同富裕问题到现在仍未解决,贫富悬殊问题反而越来越严重。我们要有耐心,实打实地一件事一件事办好,提高实效。要切实着眼老百姓"急难愁盼"的身边事、烦心事,下大力气,冲破部门利益藩篱,解决一些普遍性的问题,让广大群众"办事不求人",减缓上学累、上学贵、就医难、治病贵等问题。大力提高基本公共服务均等化水平,着力解决好人民群众急难愁盼问题，让人民群众有更多的获得感、公平感、幸福感。

改善人民生活品质、增进民生福祉。改善人民生活品质，实现全民共富，实现人民群众对美好生活向往。共同富裕不是一部分人和一部分地区的富裕，是要改善人民生活品质、增进民生福祉，满足最广大人民群众的美好生活需要，使全体人民共享改革发展成果。习近平总书记指出："全体人民共同富裕是一个总体概念，是对全社会而言的，不要分成城市一块、农村一块，或者东部、中部、西部地区各一块，各提各的指标，要从全局上来看。"[①] 防止出现"富者累巨万，而贫者食糟糠"现象，坚决不能允许贫富差距越来越大、穷者愈穷富者愈富，在贫富之间出现不可逾越的鸿沟。只有社会各阶层、各民族、各地区的人民都能从社会发展中获利、共享社会发展成果，增强人民的获得感、幸福感与安全感，才能充分调动全体人民的积极性、主动性、创造性，才能激发人民群众以更大热情积极投身社会主义现代化建设。

三

浙江实践为党建引领共同富裕提供了重要参照和启示。

推进共同富裕，坚持和加强党的全面领导。把党的领导贯穿推动共同富裕全过程。坚持把党的政治建设摆在首位，切实增强"四个意识"、坚定"四个自信"、做到"两个维护"。建立健全党总揽全局、协调各方的全面领导制度体系，落实"七张问题清单"亮晒整改机制，把党的领导贯穿推动共同富裕的全过程、各领域、各环节。

推进共同富裕，深化领导班子政治建设。加强党的组织建设，深入实施"百县争创、千乡晋位、万村过硬"工程，常态化实行县级领导班子成员包乡走村。探索省域层面抓城市基层党建新机制，推进两新党建"三年创优、整体跃升"，统筹推进各领域基层党组织建

---

① 《习近平谈治国理政》第 4 卷，外文出版社 2022 年版，第 146 页。

设，充分发挥基层党组织战斗堡垒作用和党员先锋模范作用。完善选人用人"一体系三机制"，推进干部队伍和干部工作系统性重塑。打造忠诚干净担当的高素质专业化干部队伍，提升领导干部引领现代化建设和共同富裕的新能力，扎实推动共同富裕先行先试。

推进共同富裕，建立上下联动、高效协同的抓落实机制。省委成立社会建设委员会。省委、省政府建立高质量发展建设共同富裕示范区领导小组，省委主要领导任组长，领导小组办公室设在省发展改革委。建立健全清单化推进机制，制定重点任务清单、突破性抓手清单、重大改革清单，明确任务责任，实行闭环管理。建立健全大成集智机制，搭建国际、国内、省内和企业等多层次智库平台，聘任省委智库顾问，为推动示范区建设提供智力支持。各地各部门要坚决扛起使命担当，压实工作责任，完善工作机制，形成系统集成、精准施策、一抓到底的工作体系。

推进共同富裕，强化政策制度创新。按照共同富裕导向，推动各领域各方面政策制度系统性变革。聚焦重点领域，研究出台省级相关配套政策。主动承担全国性的改革试点、探索示范任务，努力在科技创新、数字化改革、分配制度改革、城乡区域协调发展、公共服务、生态产品价值实现等方面先行先试，率先形成创新性、突破性制度成果。

推进共同富裕，全面提升数字治理水平。以数字化驱动制度重塑，在共同富裕场景下重塑政府、社会、企业和个人的关系，率先形成与数字变革时代相适应的生产方式、生活方式、治理方式。建设一体化、智能化公共数据平台，加快建设一体化资源系统和应用数据仓、专题库，推动数据开放共享，建立健全数据治理机制。推进党政机关整体智治综合应用建设，构建全局一屏掌控、政令一键智达、执行一贯到底、服务一网通办、监督一览无遗的数字化协同工作场景，建设整体智治、高效协同的现代化党政机关。

推进数字政府综合应用建设，迭代升级"浙政钉""浙里办"，加快建设优质便捷的普惠服务体系、公平公正的执法监管体系、整体高效的运行管理体系和全域智慧的协同治理体系，全面建成"掌上办事之省""掌上办公之省""掌上治理之省"。

推进共同富裕，建立争先创优机制。鼓励和支持有条件的市县和相关部门就示范区建设的重大改革、重大政策进行集成式创新和专项试点，打造更多最佳实践，以点带面推进整体突破。建立最佳实践总结推广机制，及时总结普遍性经验，反馈体系效果，形成浙江标准，及时向全国复制推广。持续深化"两个担当"良性互动，进一步建好用好省直单位工作交流会和县（市、区）委书记工作交流会等"赛马平台"，以正确用人导向引领干部干事创业、改革突破争先，建立健全全面立体透视察人识人机制、容错纠错机制，加强对敢担当善作为干部的激励保护。

推进共同富裕，构建推动共同富裕的评价考核体系。结合"八八战略"实施综合评估，坚持定量与定性、客观评价与主观评价相结合，深化统计改革，科学设立高质量发展建设共同富裕示范区评价体系和目标指标体系，探索建立共同富裕实现度测度标准和方法，探索建立群众获得感幸福感安全感评价指数，全面反映示范区建设工作成效，更好反映人民群众满意度和认同感。加强监测分析和动态调整。将推动共同富裕有关目标要求纳入党政领导班子和领导干部综合绩效考核，提高考核工作质量。建立定期督查机制，创新完善督查方式，完善问题反馈整改机制。

推进共同富裕，深入推进清廉浙江建设。推动全面从严治党向纵深发展，落实全面从严治党主体责任、监督责任，着力打造干部清正、政府清廉、政治清明、社会清朗的清廉浙江，营造风清气正的政治生态。统筹推进清廉单元建设，打造清廉机关、清廉村社、清廉学校、清廉医院、清廉国企、清廉民企、清廉交通等一批清廉标杆，建设清廉文化高地。强化正风肃纪反腐，一体推进不敢腐、不能腐、不想腐，治"四风"、树新风，坚持和深化"后陈经验"，充分发挥乡镇（街道）纪检监察组织和村级监察联络站作用，大力整治群众身边腐败问题和不正之风，让群众在全面从严治党中感受到公平正义。健全大监督工作格局，完善纪律、监察、派驻、巡视"四项监督"统筹衔接制度，强化纪检监察与组织、司法、财会、审计、统计、群众等监督的贯通协同，探索建立公权力大数据监督应用，构建权责透明、权责统一的体制机制，推进党和国家监督体系在浙江实践。

推进共同富裕，凝聚全社会共同奋斗的强大力量。坚持群众主体，旗帜鲜明地鼓励勤劳致富、率先致富，旗帜鲜明地鼓励先富带后富、先富帮后富，激发实现共同富裕的内生动力。充分发挥人大、政协以及各民主党派、工商联、无党派人士的积极作用，强化工会、共青团、妇联、科协、侨联等人民团体引领服务联系群众功能，充分激发全体人民促进共同富裕的积极性、主动性、创造性，让每一个人都成为共同富裕的直接参与者、积极贡献者、共同受益者，依靠全体人民的共同奋斗和团结互助，走共建共治共享的共同富裕之路。

目 录

第一章 践行全过程人民民主，汇聚共同富裕人民力量 …………… 1
  第一节 聚焦法治示范，以人大工作创新推动共同富裕
         示范区的规范化建设 ……………………………………… 2
  第二节 围绕凝心聚力，以高质量政协工作为共同富裕
         示范区建设出实招汇合力 ……………………………… 10
  第三节 坚持法治、德治、自治相结合，以注重实效的
         基层民主为共同富裕示范区建设巩固社会基础 …… 16
  第四节 加强民族团结，以扎实的民族工作推动民族地区
         共同富裕 ………………………………………………… 23

第二章 重视各层次多样化党建，强化共同富裕的组织保障 …… 29
  第一节 组织引领共同富裕示范区建设……………………… 29
  第二节 开放平台共建推动山区 26 县跨越式发展 ………… 37
  第三节 "县乡一体、条抓块统"赋权赋能乡镇
         治理现代化 ……………………………………………… 44
  第四节 基层党建创新赋能未来乡村共富建设 …………… 57

第三章 共享优质公共服务，答好共同富裕示范区的民生答案 …… 66
  第一节 共享优质公共服务是实现共同富裕的现实需求 … 67
  第二节 共享优质公共服务是实现共同富裕的重要内容 … 69

第三节　促进公共服务优质共享、答好共同富裕民生问卷的
"富阳实践" ………………………………………… 71
第四节　促进公共服务优质共享、答好共同富裕民生问卷的
试点经验 …………………………………………… 79

第四章　加强干部队伍建设，坚持共同富裕的骨干引领 ……… 82
第一节　提高高质量发展建设共同富裕示范区的干部
教育培训实效 ……………………………………… 82
第二节　加强高质量发展建设共同富裕示范区的干部
"墩苗"培养力度 …………………………………… 86
第三节　细化以"选"促"育"培养高质量发展建设
共同富裕示范区干部的制度机制 ………………… 90
第四节　完善高质量发展建设共同富裕示范区的干部成长
选育管用全链条机制 ……………………………… 93
第五节　加强高质量发展建设共同富裕示范区的年轻干部
个性化培养 ………………………………………… 104

第五章　科技赋能提升共同富裕的智治能力 …………………… 112
第一节　积极探索数字党建新模式，以党建工作提档升级
推动高质量发展 …………………………………… 113
第二节　多点发力加强整体智治，探索助推共同富裕的
社会治理新格局 …………………………………… 123
第三节　科技赋能产业发展，把创新驱动作为促进共同
富裕的关键支撑 …………………………………… 132
第四节　纵深推进数字化改革，为高质量发展建设共同富裕
示范区提供强劲动力 ……………………………… 139

参考文献 ……………………………………………………………… 145

后　记 ………………………………………………………………… 151

第一章 践行全过程人民民主，汇聚共同富裕人民力量

在庆祝中国共产党成立100周年大会上，习近平总书记指出："发展全过程人民民主，维护社会公平正义，着力解决发展不平衡不充分问题和人民群众急难愁盼问题，推动人的全面发展、全体人民共同富裕取得更为明显的实质性进展！"① 这一重要论述强调了全过程人民民主在实现共同富裕中的重要作用。全过程人民民主是中国特色社会主义民主政治的新概括，共同富裕是中国特色社会主义制度下社会经济领域的重要概念和奋斗目标。② 基于马克思主义理论分析，政治是经济的集中体现，上层建筑反作用于经济基础。中国特色社会主义进入新时代，扎实推动共同富裕要求政治上层建筑为其提供助力。全过程人民民主，一是强调"全面性"，要求全体人民都参与民主过程，全部政治生活都通过民主方式解决；二是强调"过程性"，要求坚持中国共产党领导人民实行人民民主，构建一个建立在根本利益一致前提下的共治共建共享的合作治理的民主过程；三是强调"人民性"，坚持一切为了人民，一切依靠人民，形成"有事好商量，众人的事情由众人商量"的人民民主形态。全过程人民民主以其"全面性""过程性""人民性"的优势保障了人民当家作主

---

① 习近平：《在庆祝中国共产党成立100周年大会上的讲话》，《求是》2021年第14期。
② 魏崇辉：《面向共同富裕的全过程人民民主：内在机制与推进路径》，《行政论坛》2022年第5期。

的权利，同共同富裕所要求的全体人民共同享有发展成果有着一致的共同诉求，有利于更好地推动共同富裕目标的实现。

高质量发展建设共同富裕示范区是习近平总书记亲自谋划、亲自定题、亲自部署、亲自推动的重大战略决策，是浙江忠实践行"八八战略"，奋力打造"重要窗口"的核心任务，是扛起"五大历史使命"的总牵引。自"全过程人民民主"这一概念提出以来，浙江省不断创新全过程人民民主制度建设，提升民主制度效能，推动共同富裕示范区建设。

第一节 聚焦法治示范，以人大工作创新推动共同富裕示范区的规范化建设

人民代表大会制度是"人类政治制度史上的伟大创造"，是百年来中国共产党领导人民创造"两个奇迹"的重要制度保障，是实现我国全过程人民民主的重要制度载体。[1] 用制度体系保障人民当家作主，实现人民对美好生活向往的鲜明特色，是具有浙江辨识度的一项标志性成果。浙江省人大工作的不断完善对于保障浙江高质量发展建设共同富裕示范区有序实现、规范化推进具有重要意义。2021年以来，浙江省人大常委会聚焦高质量发展建设共同富裕示范区这一"大场景"，深入践行以人民为中心的发展思想，创造性地开展立法创新引领、综合执法监督效能提升、完善人大代表履职等改革行动，开展助力示范区建设"八个方面"课题研究，推动共同富裕示范区的规范化建设，生动诠释了全过程人民民主推动共同富裕的时代内涵。

---

[1] 《坚持和完善人民代表大会制度 不断发展全过程人民民主》，《人民日报》2021年10月15日。

一 立法引领保障，护航共同富裕示范区建设

2021年6月，正式发布《中共中央 国务院关于支持浙江高质量发展建设共同富裕示范区的意见》。浙江省人大常委会立足人大职能、发挥法治功效、彰显制度优势，全面投身高质量建设共同富裕示范区变革性实践。

浙江省人大常委会秉持"党中央有号令，省委有部署，人大有担当"原则，从立法层面执行"省委中心工作推到哪里，立法工作就跟到哪里"的工作方针，聚焦高质量发展建设共同富裕示范区的中心工作，服务共同富裕示范区建设系统性改革部署。《中共中央 国务院关于支持浙江高质量发展建设共同富裕示范区的意见》公布后，浙江省人大常委会召开十四届九次全会系统研究部署，省人大常委会迅速组织相关立法工作。2021年7月底，浙江省人大常委会第三十次会议审议通过了《关于促进和保障高质量发展建设共同富裕示范区的决定》，明确了示范区建设的重要意义、指导思想、目标任务和实现路径，明确各有关方面的责任，构建示范区建设保障机制，推动形成全社会共同参与示范区建设的格局，形成各方参与示范区建设的合力，将共同富裕示范区建设转化为浙江省人民的共同意志和自觉行动。

围绕共同富裕示范区建设，加快立法修法进度，完善法治集成供给。浙江省人大常委会有机衔接立法决策与改革决策，通过梳理共同富裕示范区建设推进的法治需求，沟通交流全国人大相关委员会的相关内容，开拓先行先试法律支持路径。2022年2月，省人大常委会举行助推高质量发展建设共同富裕示范区工作部署会，迭代开展助推共同富裕示范区建设"十大专项行动"。成立人大助推高质量发展建设共同富裕示范区领导小组及办公室，建立完善定期召开会议、阶段性部署推进工作等工作机制。积极推动形成"1+N"的共同富裕示范区建设制度法规体系，即明确制定一部基础性法规和制

定修订 N 部专项领域法规，强化制度法规的系统设计和集成供给，夯实示范区建设法治保障根基。

浙江高质量发展建设共同富裕示范区工作自部署以来，省人大逐步推进构建"1+N"的共同富裕示范区建设法规制度体系立法工作。首先，将《浙江省促进高质量发展建设共同富裕示范区条例》作为 2022 年重大创制性立法项目，组建工作专班，强化力量整合、资源统筹、项目集成，形成推动示范区建设的整体合力，集中力量组织起草，于 2022 年 9 月下旬提请省人大常委会会议审议。其次，强化重点领域创制立法，提请省人代会审议通过全国首部公共数据领域地方法规《浙江省公共数据条例》，在省级层面率先制定《浙江省快递业促进条例》《浙江省医疗保障条例》，密集出台《浙江省乡村振兴促进条例》《浙江省电子商务条例》《中国（浙江）自由贸易试验区条例》《浙江省土地管理条例》《浙江省标准化条例》《浙江省中医药条例》等一批急需法规。最后，抓紧组织实施重点立法项目，加快制定促进高质量发展建设共同富裕示范区条例，加快制定修订反不正当竞争、平安建设、知识产权保护、安全生产、中小企业发展、生态环境保护等法规，开展未来社区建设、之江实验室发展促进、互联网信息服务管理等立法调研，为示范区建设夯基垒台、立柱架梁，以立法先行保障共同富裕示范先行。

二　提升工作实效，助推经济高质量发展

推动高质量发展，是浙江保持经济持续健康发展、推进"两个先行"的必然要求，也是浙江高质量发展建设共同富裕示范区的内在要求。浙江省人大常委会坚持新发展理念有效融合监督、立法、执法调研等组合拳，推动形成现代经济体系，促进经济高质量发展，助力共同富裕示范区建设实践。

聚焦发展痛点，做深、做实、做细政策需要前期调研。浙江省人大常委会针对不同阶段经济发展情况展开调研，建立常态化工作机

制，认真开展季度、半年度经济运行情况分析，特别是对一些苗头性、倾向性、潜在性问题深入开展调研分析，形成高质量调研报告和审议意见。如面对疫情冲击、经济下行压力加大、企业生产经营困难等问题，开展化危为机推进经济平稳向好和高质量发展专题调研、产业链供应链优化升级专项监督，就加强预期管理、做好企业降本减负、补链固链强链等提出针对性意见建议，加强审议意见落实情况跟踪监督，推动省政府和有关部门及时制定完善政策举措，保持经济平稳健康发展。尤其是针对民营企业发展需要，开展专题询问精准把脉，聚焦营造公平竞争环境、优化减负降本政策、促进企业转型升级等民营企业迫切需要解决的问题，推动各项问题整改落实。通过专题询问既解"燃眉之急"，又谋"长远之策"，提升监督实效。

注重塑造变革，强化实时动态经济监督。运用数字化理念、思维、方式，发挥数据要素作用，2022年浙江省人大财经委增量开发了经济运行监督系统，无缝对接浙江省发改委"经济调节e本账"系统，综合集成发改、经信、商务、统计、市场监管等部门数据，实时在线监督经济运行情况，加强智能分析预警，在线收集和处理各方意见建议，推动人大财经委与政府相关部门多跨协同更加紧密高效，代表依法履职更加积极活跃，公众参与监督渠道更加多元畅通。服务民营企业主体，创设企业家代表微信群，共同应对突如其来的新冠疫情冲击。通过专人在线动态维护企业代表线上微信群和钉钉群，及时收集和整理代表提出的196条意见建议，快速分解转交部门研究处理，形成"收集意见建议—交办—跟踪—反馈"的闭环工作机制，其中有关港口物流、健康码设置等问题得到有效解决。相关做法入选浙江省直机关"两战赢"案例，获得省委主要领导等近10次批示，人民网、《浙江日报》等中央和省级媒体做了专题报道。

立法与监督良性互动，为民营经济营造良好的发展环境。民营经济是浙江形象的金名片，是浙江的最大特色、最大资源和最大优势。

为保障民营企业公平参与市场竞争，营造良好发展环境，2020年浙江省制定全国首部省域层面促进民营企业发展的地方性法规《浙江省民营企业发展促进条例》。该条例起草过程中，浙江省人大常委会提前介入立法工作，围绕开展专项课题研究，并列入省深化改革重大课题，条例草案完整体现了前期课题研究成果提出的四个方面15条立法的具体建议，最终公布的条例把落实公平竞争要求作为制度设计主线，特别是专设"平等准入"一章，有效激发了民营企业活力。该条例颁布后，省人大常委会开展了民营经济专项监督审议意见落实情况和民企条例执行情况的跟踪调研。在条例颁布一年之际，省人大持续开展民营企业发展促进条例配套性规范性文件制定情况专项审议，推动条例各项规定落细落实。

推进数字经济发展法治保障建设，擦亮浙江数字经济"金名片"。浙江省人大以调研、专项监督与立法共同助推浙江省数字经济"一号工程"的制度化建设。浙江省人大注重课题研究、专项监督成果应用，将数字经济融入高质量发展建设共同富裕示范区工作中，强化面向共同富裕的数字经济的法治保障和制度支撑，积极助推高质量发展建设共同富裕示范区。2020年，浙江省制定全国首部以促进数字经济发展为主题的地方性法规《浙江省数字经济促进条例》，明确数字基础设施的规划和建设要求，完善促进数字经济发展的激励和保障措施，着力构建数字经济新型生产关系。物流快递业是服务业数字化转型的配套产业，为了促进物流快递业的健康发展，2021年浙江省制定了全国首部以促进快递业发展为主题的省级地方性法规《浙江省快递业促进条例》，为打造内外融合互通的物流体系与实现从快递大省到快递强省跨越提供制度支撑。在数字经济蓬勃发展的背景下，公共数据管理成为新课题。为了促进公共数据应用创新与保障数字化改革，2022年浙江省出台全国首部公共数据领域地方性法规《浙江省公共数据条例》，进一步为数字经济发展提供有力的法治保障。

三 坚持法治为民,增进全体人民福祉

"法不察民之情而立之,则不成。"浙江省人大常委会把人民群众满意不满意作为推进法治化建设的根本标尺,围绕人民群众所思所盼所愿开展人大工作,让人民群众获得感成色更足、幸福感更可持续、安全感更有保障。

多谋民生之利、多解民生之忧,切实提升人民生活水平,健全人民基本生活服务的法治化保障是浙江人大工作的重点之一。其一,医疗保障制度是社会保障制度的重要组成部分,关系人民群众生命健康。为保障人民群众享受更好的医疗保障待遇和服务,2020年,浙江省人大常委会率先发布《关于促进县域医疗卫生共同体健康发展的决定》,并于2021年制定全国首部医疗保障领域的综合性创制性法规《浙江省医疗保障条例》,统一各地医保政策、规范医保公共服务、完善基金筹资机制,健全现代医疗保障体系,有效提升医疗保障水平。其二,儿童的健康成长,事关家庭希望和国家未来。2019年,浙江省人大常委会聚焦学前教育这一民生关切,采取省市县三级人大联动方式开展《浙江省学前教育条例》执法检查。2020年跟踪检查审议意见落实情况,组织满意度测评,推动学前教育管理、资金保障、教师队伍建设等机制进一步完善,城乡学前教育资源供给不断扩大。其三,老有所养是千家万户的重大民生期盼。浙江省人大常委会连续召开22个座谈会,全面摸底全省养老服务体系建设情况,并组织专项审议和专题询问。持续开展跟踪监督,组织满意度测评,修改《浙江省社会养老服务促进条例》,以法治之力推动构建幸福养老服务体系。此外,浙江省人大常委会还制定修订教育督导、家庭教育促进、志愿服务、华侨权益保护等重要法规,开展高等教育、公共文化服务等监督检查,深化民生实事项目人大代表票决制,积极回应民生关切,提升人民群众获得感、幸福感、安全感。

缩小城乡差距，推进乡村振兴、为农民增福祉是浙江人大工作的重点之二。其一，保障粮食安全事关国计民生、事关乡村发展。浙江省人大常委会紧扣国家粮食安全战略实施，制定《浙江省粮食安全保障条例》，在保护种粮积极性、保证粮食储备和质量安全、保障粮食供给等方面作出制度创设。开展现代农业专项资金绩效评价。联动开展粮食安全执法检查，推动各级政府压实粮食安全责任，解决重点突出问题。其二，通过专题调研完善关于"三农"问题的法律法规体系建设，修改农产品质量安全、农业机械化促进、水土保持等涉农法规，组织农村承包土地"三权分置"专项监督，开展现代畜牧业、民族乡村发展等专题调研，推动农业发展、农村繁荣、农民增收。其三，消除集体经济薄弱村是巩固基层组织基础、高水平建设全面小康的重大部署。浙江省人大常委会将"消薄"作为重点监督项目，全面了解工作进展以及问题困难，提出审议意见。跟踪监督审议意见落实情况，进一步巩固和扩大"消薄"成果，推动农村集体经济持续健康发展。其四，聚焦城乡区域协调发展，听取审议民族团结进步创建情况报告，打造民族县乡山海协作升级版，推动民族地区"扩中""提低"改革。部署开展山区26县加快发展、乡村振兴、国土空间规划、节约能源等监督检查，推动构建更加均衡协调、更可持续的发展机制。

四 完善代表履职机制，进一步夯实民意基础

完善人大代表履职机制有利于更好发挥代表在法治化建设中的作用，使共同富裕示范区建设的法治化保障更为充分地反映民意。丰富完善民主民意表达平台和载体，持续畅通民意表达渠道，尤其要发挥并拓展基层立法联系点的作用，拉长全过程人民民主的链条，丰富和发展全过程人民民主的制度内涵。加强代表工作能力建设，拓展代表参与立法、监督工作的形式，支持和保障代表更好依法履职，汇聚高质量发展建设共同富裕示范区的强大力量。

第一，扎实做好人大代表换届选举，为高质量发展建设共同富裕示范区汇聚强大代表力量。要把组织好每一次选举作为深入践行全过程人民民主的重大实践，认真学习领会、坚决贯彻落实习近平总书记关于做好县乡人大换届选举工作的重要指示精神和中央、省委决策部署，把坚持党的领导、严格依法办事、充分发扬民主贯彻始终，通过法定程序把党的主张和人民意愿统一起来，坚持严明换届选举纪律，确保选举依法有序顺利进行。

第二，切实加强人大代表政治引领，增强融入高质量发展建设共同富裕示范区的代表担当。把加强代表思想政治作风建设摆在最基础的位置，紧扣共同富裕示范区建设重大主题，优化代表中心组、代表联络站的学习培训机制，强化新当选代表的初任培训，组织代表认真学习习近平总书记在中央人大工作会议上的重要讲话精神和关于共同富裕的系列重要论述精神，更好地保证代表依法履职、有效履职。人大代表要切实把思想和行动统一到中央和省委的决策部署上来，在高质量发展建设共同富裕示范区，在走中国特色民主政治发展道路、践行全过程人民民主中担当作为。

第三，迭代升级代表密切联系人民群众的载体和机制，厚植高质量发展建设共同富裕示范区的民意基础。在主题内容上更加突出服务共同富裕示范区建设，持续深入开展省人大常委会部署组织的各级人大代表走访服务选民主题活动，不断实现人民群众对共同富裕美好生活的期待。在思想观念上更加突出落实全过程人民民主，不断增强代表联系群众的意识和能力，提高联系的频次和覆盖面，强化意见的处理和反馈，激发群众有序政治参与的热情。在机制完善上更加注重发挥数字化改革的引领作用，强化代表经常性联系群众的履职实践，充分发挥各地人大代表联络站的基础性功能和枢纽性作用，推动"线下联"和"线上访"相结合，建好用好代表联系群众意见收集处理场景，加快增量开发、迭代升级更加综合集成、多跨协同的"线上访"应用，进一步实现民有所呼我有所应。

第四,深度推进代表参与人大立法监督相关工作,助力构筑高质量发展建设共同富裕示范区的法治保障。引导代表善于在"大场景"中找准"小切口",在深入调查研究的基础上提出高质量的议案,更好发挥地方立法对于示范区建设的保障、引领和推动作用。广泛邀请相关专业和领域代表参与示范区建设进展情况专项监督、相关法律法规执行情况检查等,更好保证人大实施正确监督、有效监督、依法监督。引导代表聚焦示范区建设的重大议题,高质量履行审议发言、提交代表建议等职权,推动示范区建设有效突破重点、难点和关键点。

第五,进一步彰显代表在各行各业中的先进性,充分发挥代表在高质量发展建设共同富裕示范区中的带动作用。引导鼓励代表切实发挥各行各业领头人的重要作用,激发本行业本领域参与示范区建设的热情和激情。引导鼓励代表增强敢闯敢试、改革破题的担当精神,推动各领域各方面政策制度系统性变革,通过先行先试和探索示范,率先形成可复制可推广的创新性突破性成果。加强代表工作能力建设,采取更加有效的激励、宣传、引导等方式,支持和保证代表在本职和履职两个方面充分发挥作用,在共同富裕示范区建设中不断建新业、立新功。

第二节 围绕凝心聚力,以高质量政协工作为共同富裕示范区建设出实招汇合力

人民政协作为统一战线的组织、多党合作和政治协商的机构、人民民主的重要实现形式,是社会主义协商民主的重要渠道和专门协商机构,是国家治理体系的重要组成部分,是具有中国特色的制度安排,在全过程人民民主中占据重要地位,是发展全过程人民民主的重要制度安排。在共同富裕和现代化大场景下建言资政、凝聚共识,展现人民政协制度优势,全力服务省委中心大局,深入开展调

查研究，积极参政建言，是浙江省政协工作的特色。2021年以来，围绕"共同富裕"这一主题主线，浙江省政协系统扎实履行政治协商、参政议政、民主监督三大职能，充分发挥专门协商机构作用，通过议政协商、专题调研等方式，坚持建言资政和凝聚共识双向发力，切实把人民政协制度优势转化为治理效能，将许多有价值、有见地的意见建议汇聚成一股强大合力。

一　凝聚共识，民生议事堂汇聚共同富裕人心助力

高质量发展建设共同富裕示范区既是浙江全省的大局，也是政协工作锚定的靶心。社会主义现代化先行省和共同富裕示范区建设，为浙江省政协战线提供了广阔履职舞台、提出了新的更高要求。浙江省各级政协坚持以习近平总书记关于加强和改进人民政协工作的重要论述为指引，充分发挥职能优势，在积极推动共同富裕示范区建设中展现新担当新作为。

统一思想才能统一行动，凝聚共识才能凝聚力量。紧扣共同富裕主题，浙江省各地政协依托民生议事堂，紧紧围绕老百姓身边的操心事、烦心事、揪心事，精心组织、精选主题，形式多样、因地制宜开展协商议事活动，广集众智广聚人心。浙江省政协主席黄莉新在民生议事堂建设工作推进会上指出，坚持以习近平新时代中国特色社会主义思想为指导，深刻理解全面深入推进民生议事堂建设是彰显人民民主真谛、助力打造践行全过程人民民主省域典范的重要之举，是发挥专门协商机构优势作用、更好地服务高质量发展建设共同富裕示范区的有效之举，是坚持人民政协为人民、践行协商于民协商为民要求的题中之义，着力把民生议事堂打造成为具有鲜明辨识度和广泛影响力、展示"重要窗口"形象的浙江政协工作金名片。

"民生议事堂"协商新平台是浙江省高质量发展建设共同富裕示范区的生动实践。各地政协依托民生议事堂，在基层听民意，向群

众求良策，在共同富裕"大场景"中关注民生发展"小切口"，助力百姓获得感、幸福感、安全感更加充实、更可持续、更有质地。作为浙江省政协"喜迎二十大·同心跟党走"系列活动之一，民生议事堂"助力共同富裕示范区建设专题协商议事月"在2021年9月火热开展，一场场有声有色的协商活动、一份份沉甸甸的协商意见，汇聚起奋进新征程、建功新时代的共识和力量。金华市婺城区莘畈乡民生议事堂，以壮大集体经济促进共同富裕基础为主题，通过群众广泛参与头脑风暴的形式，形成了"渔游双促"的乡村旅游与渔业融合的农村集体经济发展模式，充分利用自身资源优势助推山区共同富裕。舟山市普陀区虾峙镇的民生议事堂，以推进公共服务优质共享促进共同富裕为主题，充分吸纳群众对于医疗发展不平衡不充分问题的建议，建立"共富方舟"医疗船，为离岛居民提供更便捷的全面体检和专家诊治，让每一位居民享受到现代化的健康服务。湖州市德清县阜溪街道民生议事堂，立足当地外来人口多、民族多元化等实际，聚焦"打造精神富有生活圈，建设幸福文明品质城"，为进一步推动新居民民族大团结，实现美好生活共建共享建言献策，推动精神共富建设。嘉兴市嘉善县西塘镇民生议事堂围绕"推进网络时代下的传统稻米产业转型升级"协商建言，将各方聚到一起，破解水稻产业发展瓶颈，促进优质水稻种植走向产业化、规模化。

此外，浙江省政协还通过数字化平台建言献策，充分利用"线上民生议事堂"听民意。浙江省政协在2021年年初把共同富裕纳入重点履职课题，进行统筹谋划，深入全省11个设区市和30多个县（市、区）开展专题调研，通过数字化平台，面向社会开展"我为高质量发展建设共同富裕示范区建一言"活动，组织全省三级政协2.6万多名委员开展网络主题议政，提出意见建议2.7万余条。

二　凝聚智慧，引导各民主党派建言资政助推共同富裕建设

人民政协具有其他机构所不具备的同心同向的政治优势、凝心聚力的团结优势、平等协商的民主优势、人才荟萃的智力优势、协调关系的功能优势、联系广泛的界别优势，能够更好地整合社会关系、赋能善治良政，实现共建共治共享、促进社会和谐稳定的治理目的。浙江省政协充分发挥了专的优势、商的特色、聚的功能，把中心所在、大局所需与统一战线所长结合起来，积极发挥统一战线政治优势、资源优势、组织优势、智力优势，聚焦高质量发展建设共同富裕主题，着力打造各领域资政建言共同富裕建设的聚智平台。

凝聚各领域代表的智慧建言，为高质量发展建设共同富裕示范区提供多维度政策建议，是浙江省政协面向建设共同富裕大场景的重要工作之一。2021年浙江省委十四届全会召开之前，浙江省政协常委会围绕浙江高质量发展建设共同富裕示范区主题召开各民主党派省委会、省工商联负责人和无党派人士代表座谈会。各界代表分别从共同富裕评价体系构建、社会保障体系建设、医疗保障、教育均衡发展、就业支持、扩大中等收入群体、民营企业和民营企业家建设、区域协同发展、乡村振兴、破除"三大差距"、数字化赋能、科技自立自强战略支撑等不同角度和领域资政建言，为高质量发展建设共同富裕示范区重大决策聚智聚识。

凝聚共同富裕的协商民主优势，为高质量发展建设共同富裕示范区提供政治合力，是浙江省政协面向建设共同富裕大场景的另一项重要工作。人民的追求、党的领导和制度优势是走向全体人民共同富裕的政治合力基础，必须要结合起来发挥好合力作用。浙江省政协拧成共建"一股绳"，发挥政治共同体的优势、协商民主的优势、统战工作的优势，为示范区建设凝聚共识和力量。其一，面向共同富裕建设的政治协商要坚持党的领导，"以人民为中心"是党全心全意为人民服务宗旨的集大成者和再创新，这是我们走向共同富裕道

路的"精神动力",最终将转化为全体人民走向共同富裕的"物质力量"。坚持党的全面领导实质上是坚持最广大人民根本利益的整体利益,最有效地凝聚起全体人民"共同富裕"的共识和共同奋斗。只有坚持中国共产党的领导,才能把人民力量与国家力量统一起来从容应对各种复杂局面和风险挑战,才能坚定不移地将共同富裕作为我国发展的重要目标,带领中国人民在中华民族伟大复兴"不可逆转"的进程上越走越稳健。其二,面向共同富裕建设的政治协商要关切人民内部不同群体的利益诉求。人民群众不断增长的需求是世情、国情、民情变化带来的,对他们来说是基本要求,但对党的领导和执政来说是新的更高要求。这要求我们在制定各项制度的时候,一定要考虑到制度能够有效保障广大人民的根本利益;能够关切人民内部不同阶层、不同群体的利益诉求;能够真正成为人民的核心力量,凝聚人民、服务人民,通过有效的决策、管理与服务来发挥制度优势,为每个人的发展提供必要的基础与保障。我们的制度具有无可比拟的优势,可以创造出比资本主义更高的社会生产力,体现更加广泛的社会公平正义,能够持续地不断促进人的全面发展和全体人民共同富裕。

浙江高质量发展建设共同富裕示范区的时代背景,正处在"两个一百年"奋斗目标的历史交汇期,也正在经历世界百年未有之大变局时期。浙江省政协始终坚持党的坚强领导,践行以人民为中心的发展思想,继续发挥人民民主协商的民主政治优势,进而形成强大的民心力量和政治合力,为推进全体人民的共同富裕取得更为明显的实质性进展。

三 凝聚力量,发挥第三次分配对共同富裕的补充作用

慈善事业在推动共同富裕进程中既有大有作为的广阔空间,又有不可替代的独特优势。2021年,浙江省委、省政府发布的《浙江高质量发展建设共同富裕示范区实施方案(2021—2025年)》明确提

出全面打造"善行浙江"的要求,包括建立健全回报社会的激励机制;大力发展慈善信托、打造全省统一的慈善服务信息平台;建立"蜂巢式"浙商公益慈善机制;发扬"人人慈善"的现代慈善理念,打造以"慈善公益一日捐"为代表的全民性慈善活动;推动互联网慈善,打造智慧慈善、为民慈善、阳光慈善等。浙江省民政厅随即印发了《推进民政事业高质量发展建设共同富裕示范区行动方案(2021—2025年)》,从健全慈善激励机制、推动慈善模式创新、引导慈善资源合理流动三方面作了细化安排。浙江省政协动员最广泛的力量支持,汇聚慈善力量,助力共同富裕示范区建设。

浙江省政协扛起了慈善事业在构建共建共治共享的社会治理格局中的使命。中共中央《关于加强基层治理体系和治理能力现代化建设的意见》指出,要发展公益慈善事业,完善社会力量参与基层治理激励政策,创新社区与社会组织、社会工作者、社区志愿者、社会慈善资源的联动机制。"五社联动"体现了鲜明的中国特色,是多主体的联动合作,是社会善治的重要手段。在新冠疫情防控期间,广大社区志愿者和社会慈善力量在阻断疫情、生活救助、心理疏导、关系协调等方面所发挥的积极作用就是最有力的例证。我国的慈善事业在基层治理实践中发挥着日益重要的基础性、支撑性作用,创新推动"五社联动"的慈善模式,要重视发挥基层慈善组织在加强和创新社会治理、维护社会和谐稳定、提高服务民生能力中的耦合功能,从而全面推动共建共治共享的社会治理格局的形成。

浙江省政协扛起了慈善事业在助力实现全体人民对美好生活的向往中的使命。党的十九届四中全会提出"重视发挥第三次分配的作用,发展慈善等社会公益事业",具有重要里程碑意义。发挥慈善第三次分配作用,要加快构建人民满意、具有浙江特色的高质量慈善服务保障体系,建立健全为民办实事长效机制,紧紧抓住群众尤其是困难群众最关心最直接最现实的问题,既尽力而为,又量力而行。要积极引导社会主体参与提供基本公共服务,完善社会力量办社事业的政策制度，鼓励社会组织投资兴办普惠性、非营利性的幼儿园、老年学校和医疗、养老等服务机构，分层次高水平服务保障民生。要创新实施山海协作升级版，变"输血"为"造血"，从单一的生活型救助向复合型救助转变，将被动受助变成主动自救，系统性增强内生动力，重点推动山区26县共同富裕。

民营企业和民营企业家是三次分配的参与者和受益者，浙江省政协面向共同富裕建设工作培育民营企业家主体意识和责任感。中国的民营企业和民营企业家是在中国特色社会主义市场经济的土地上成长起来的，他们认同先富帮后富的"共富"理论，用好、用活党的改革开放政策。初次分配要按市场效率原则，民营企业合法经营，克服"吃大锅饭"的毛病，激发了员工创富的热情；二次分配由政府主导，通过税收、社保、转移支付等措施进行二次分配。民营企业以向国家照章纳税、为员工照章上社保等方式参与进来；三次分配是由社会道德驱动，民营企业在量力而行的基础上开展慈善公益和扶贫活动。

第三节 坚持法治、德治、自治相结合，以注重实效的基层民主为共同富裕示范区建设巩固社会基础

基层民主是全过程人民民主的重要体现。浙江省第十五次党代会提出，全省域推进共同富裕现代化基本单元建设，"整体大美、浙江气质"全域彰显。共同富裕现代化的基本单元是共同富裕的微观落地，也是基层民主的基本载体，是在浙江高质量发展建设共同富裕示范区大场景下进一步推进"让老百姓看得见"的共同富裕，谋划具有共富味、未来味、浙江味的共同富裕建设的重要抓手。浙江省聚焦群众最关心的"小事"推进共同富裕建设，以群众生活所在的社区建设、乡村建设为根本，提升老百姓生活的幸福感，从社村的

"点"向外拓展，继而全域打造共同富裕主题下的幸福家园，使群众真切地感受到共同富裕的成效。2021年以来，浙江省不断提升基层民主自治水平，创新社村与社会组织、社会工作者、社区居民志愿者、社会慈善资源"五社联动"机制，党建引领推进社村基层民主高质量发展，数字赋能不断加强社村治理创新，打造一批未来社区、未来乡村的社村生活服务、民主治理综合体。

一 依托未来社区建设，打造高效协同的社区基层治理体系

浙江对未来社区的规划始于2018年。2022年，浙江公布了首批28个未来社区名单。5年间，未来社区已从一个设想落地为实践。2018年，《浙江省大湾区建设行动计划》提出创建未来社区，首次以"未来"一词所蕴含的无限美好遐想，为社区发展指明奋斗方向。2019年，浙江正式部署试点建设。2021年年初提出建设未来乡村，要在新的历史时期按照"整体大美、浙江气质"的要求全面开展城乡风貌整治提升行动。2022年5月27日，浙江召开共同富裕现代化基本单元建设工作推进会，公布了首批28个未来社区，未来社区建设正式作为共同富裕现代化基本单元建设工作的实践抓手深入推进。

打造未来社区高效协同的城市基层民主治理体系，一是强化居民自治机制。健全社区党组织领导下依法有序的居民自治体系，强化居委会下属各专委会建设。培育发展居民骨干队伍，有序推进居委会成员本土化，健全居民自治组织。深化以"四会制度"为核心的基层协商民主制度体系，健全基层公共事务、公益事业发展和社区民生实事规范化推进流程。推广专业化、线上线下融合的"红茶议事会"社区议事模式，因地制宜探索特色协商议事工作方法。大力发展社区发展基金会，为整合资源、规范管理、强社惠民畅通路径。强化五社联动，畅通社会力量参与社区服务和公益慈善事业通道，培育一批群众自发、百姓喜爱、充满活力的民间社团。全面探索按社区常住人口每户30元配备社区居民自治组织建设经费、每社区5

万—10万元设立"居民自治金"。

二是激发多方共治活力。分层分类指导街道社会组织服务中心实体化、规范化运营。激发社会组织活力，开展社会组织公益创投和政府购买服务。大力发展枢纽型、支持型、服务型慈善行业组织，引入和培育慈善组织及领军人才，建立全区慈善事业发展专项基金，大力推动慈善信托、冠名基金等慈善工作机制。探索数字技术与慈善事业深度融合，营造慈善事业发展良好生态。构建以社会工作站（室）为阵地，全面释放项目社工专业动能，构建"区、街、社"三级社会工作服务体系。探索广泛培育社区红色义工队伍，打造"武林大妈""拱宸大伯"等本土志愿服务品牌团队。在有条件的街道、社区探索建立社区发展基金会，创新政府保障资金兜底、共建单位参与、社会力量众筹支持的投入机制。按照阵地共用、功能集成的思路，通过改建或新建等方式，打造一批集党建群团、幼儿托育、长者照料、少儿教育、邻里交往、文体休闲、健康医疗、志愿公益八大类服务为一体的区、街道、社区三级"共富·邻聚里"幸福共同体。

三是强化特殊社区治理。针对当前社区不同的居住群体、服务主体和区位形态，进一步加强对融合型大社区、大单元、城中村、城乡接合部、拆迁户集聚社区、国际化社区等特殊类型社区的分类指导，精准回应民需，化解治理难题。一方面，开展全区层面社区大调研，推动社区规模优化调整，重点针对5000户以上的超大规模社区进行合理调整优化。另一方面，针对特殊类型社区精细化物业管理服务。完善物业管理项目考核，加强对各街道物业管理具体工作的指导和监督，以考核带动各项管理工作提质增效。聚焦"治理+服务"主线，通过业主大会、业主满意调查、疫情防控、场地预约等工作契机提高电子业主卡开卡率，引导业主在线查询经营性收支、物业维修资金、小区公告公示等信息，通过发布微心愿，积极引导业主参加小区志愿活动，培养业主使用习惯和黏度，为基层数字治理奠定坚实基础，助力提升三方协同治理。

二 依托未来乡村建设，打造有特色有效果的乡村基层民主治理体系

发展农村基层民主，是社会主义民主政治建设的基础和重要组成部分。浙江省共同富裕基本单元建设，在乡村以未来乡村建设为依托，打造有特色有效果的乡村基层民主治理体系。未来乡村建设提出以来，浙江农村基层民主已经发展出了形式各样、特色鲜明的民主形式，极大拓宽了农民民主参与的渠道和方式，充分提升了农民自我管理、自我教育、自我服务、自我监督的能力。

鼓励村民参与乡村治理，组建警保联盟、基层调解小队，有机融合村民、基层党支部和派出所共同维护乡村治安。乡村治安精准治理，打造"一村一品"社会治理创新，切实构建共建共治共享的大平安格局。以杭州市余杭区黄湖镇为例，赐璧村以民主法治村创建为契机，推动好乡风好家风建设；虎山村探索深化人民调解工作；青山村以数字化改革为抓手推进智慧治理工作；王位山村多措并举开展防电信网络诈骗工作；吴四坊社区织密物业工作网提升小区管理水平；清波村从源头出发推动警源治理。其中，杭州市余杭区黄湖镇清波村建章立制，成立一支以村干部、网格长、网格指导员、网格员为主的社会治理工作专班，关注重点区域、重点场所，并在农贸市场、工业园区等警情高发地段安排五名志愿者巡街，实时介入化解矛盾纠纷，有效降低警情。联合派出所、工业区两新支部开展"村企警党建+治理"活动，并为工业区企业配备对讲机，成立警保联盟，村委、派出所、企业之间对接迅速，交流畅通。

组织"身边人"参与村民纠纷化解，有效运用乡贤文化。浙江省乡村基层治理注重民间调解队伍建设，发动组织老年群体与年轻群体代表参与到基层纠纷调解中来。以杭州市余杭区黄湖镇为例，该镇设立两支独具特色的民间调解队伍——溪岭溪事专职调解队和余

杭调小青调解队。两支队伍一老一少，活跃在老百姓堂前灶下、田间地头，践行人民调解社会化参与新模式，成为调解山区群众家庭纷争、邻里矛盾、土地纠纷的重要力量。"溪岭溪事"由8名德高望重的"银色人才"组成，这些"老娘舅"被派驻至各村社调委会，参与基层纠纷排查化解工作。余杭区首支村级"调小青"队伍，由一群朝气蓬勃的"村二代""新村民"和公益组织成员等青年代表组成，以志愿服务形式参与青山村矛盾纠纷调处、普法宣传等相关工作。此外，黄湖镇建立个性贡献度评价机制，根据两支队伍的人员特点，以参与调解的"贡献度"和调处成功率为依据，有针对性地制定激励保障政策，有效激发队员们的工作热情，提升调解成功率。

延续浙江省"最多跑一次"的改革，浙江省乡村基层治理推进矛盾纠纷"一件事"改革。一是在诉源治理上，依托镇、村社两级矛调中心建设，将"最多跑一次"改革理念、方法、作风运用到矛盾纠纷化解的社会治理领域，建立"逐级处置、一商一考"工作机制，有力推动矛盾纠纷"一件事"改革。二是实行案件逐级处置制度。对发生在村社区的纠纷，由村社调委会第一时间调处。对村社区多次调解无果的疑难纠纷，由镇矛调中心汇总逐一攻坚。通过对纠纷案件逐级处置、逐级过滤，进一步压实各级调委会责任，优化配置调解力量。三是实行案件月度会商机制。建立疑难杂症的"专家会审"机制。形成由镇综合信息指挥室和司法所牵头，微法庭、各村社调委会以及与纠纷相关的部门参与的每月会商制度，集合多部门、多平台的力量，协力化解疑难纠纷、历史遗留纠纷、涉访涉诉纠纷。

建立未来乡村议事厅，广泛采纳民意。"未来乡村议事厅"是浙江省未来乡村建设中发挥民主协商、村民自治，鼓励村民政治参与的重要载体。"未来乡村议事厅"实现了"众人的事情众人商量""众人的事情众人来做""众人的成果众人评价"，共同构建"共商共治"的基层治理新模式。建立公开、评议、整改制度。村党委在规定期限内将事项协商落实情况，通过各种渠道公开，接受村民监督。之后以多方评价形式，对落实情况进行绩效评估。对存在较大争议的事项，通过"青山祠评"等载体进行评价解释。同时，由未来乡村议事会督促事项实施主体进行整改，并报镇监察办备案。通过未来乡村议事会，倒逼村社及相关职能部门积极履职，确保所议之事"事事有回应，件件有落实"，形成党建引领全民参与的良好工作格局。

推行"村民义务工"，众人的事情由众人做。鼓励引导村民参与义务劳动，建立村民志愿者队伍在浙江省各个乡村推广。在志愿日时间上，充分协调村民时间安排，以"固定+机动"的方式开展志愿服务。以黄湖镇为例，除固定每月25日外，在节假日、防汛抗台以及出笋时期等特殊时段也安排义务工，让群众有更多选择。在活动内容上采取"1+N"。除基础环境整治是常设项目外，将夜间巡逻、季节性看山、便民服务等纳入义务工活动范围。在活动形式上，除统一活动外，村党总支引导有一技之长的村民，组建义务理发队、义务补胎小队、义务补鞋小队，每月5日、15日、25日在村民集中的地方开展义务服务，既能完成自己的出工任务，又服务了周边群众。在志愿服务的鼓励方式上，通过考评奖励机制提升村民志愿服务意愿，强化基层党组织向心力、凝聚力，同时提升村民道德素养，助推乡村治理。有效解决乡村发展过程中存在的诚信体系薄弱、治理主体模糊、治理体系不完善等问题，激励引导善人善行的善治行为。

三 加强赋能保障，提升基层民主治理效力

共同富裕现代化基本单元是浙江省推进基层民主治理现代化的落地落实。浙江省以数字化改革撬动各领域改革，探索建立社区整体智治路径，通过数字化改革获得更精细化的基层民主治理评估数据和更精准的群众治理诉求。一方面，以数字技术为共同富裕现代化基本单元赋能，形成与数字化发展路径相适应的生产方式、生活方

式、治理方式，提升社村服务和社村治理的精细化水平；另一方面渐进式重塑政府组织、市场主体、社会主体和个人的关系，完善利益分配，调控"数字鸿沟"，推动共同富裕与数字化改革双向赋能。

第一，实施数字治理赋能。加快数据清理，夯实数据底座，优化完善"社区智治在线"，逐步实现与四个平台、红色三方在线等平台的数据打通，探索建立"全域未来社区智治平台"。坚持"边试点边建设"的原则，围绕基础数据库维护、协商议事等功能开展试点工作。例如，依托"自然好邻居"小程序，对遵守村规民约、保护环境的村民进行加分，建立负面清单扣分制度，整体评分将关联其民宿客源导入量，真正让守规者受益，守规者得实惠。利用数字门牌覆盖广的特点，推出"我要爆料"功能。村民群众通过扫码，可以实时反映各类矛盾纠纷、信访问题等，进一步拓宽了群众反映渠道。以"浙里养"、杭州城市大脑为依托，实现智慧养老3.0版迭代，人工智能、虚拟现实等新技术在养老服务领域深度集成应用与研发推广。深化慈善领域数字化改革。推动公益码、互联网+慈善，加快发展"指尖公益""链上公益"。

第二，实施指数评估赋能。建立以治理高效力、服务品质力、可持续发展力、邻里和睦度、居民满意度、社会影响度六个维度为主要内容的指数评估体系。探索建立由科研机构、高等院校、社会组织组成的第三方评估机制，依托社区智治在线，建立"创新活力"指数评估应用场景，提高社区治理效能评估的系统性和科学性。每年按照老旧小区型、都市物业型、融合型大单元、商务社区等类型开展评估，打造一批"善治活力"社区示范。

第三，实施队伍建设赋能。全面实施专职社区工作者实名制管理，建成专职社区工作者入职、调档、晋升、培训、退休、离职等全周期管理体系。建立健全分级培训制度，开展社区"善治讲堂"，邀请社区书记、项目社工等分享治理经验。落实专职社区工作者"荣誉津贴"制度，开展区级"最美社工""社区工作领军人才"

"社会工作领军人才"评选。推动社工专业化发展，按照不少于专职社区工作者总数5%的标准，选拔一批项目社工，组织开展项目社工训练营，孵化一批社会工作项目。

第四节　加强民族团结，以扎实的民族工作推动民族地区共同富裕

高质量发展建设共同富裕示范区是习近平总书记和党中央交给浙江的光荣使命。浙江省积极推进民族工作，助力共同富裕示范区高质量建设，专门制定了《浙江省民宗系统助力高质量发展建设共同富裕示范区实施方案（2021—2025年）》（以下简称《方案》）。《方案》明确提出，到2025年，浙江将培育十条各民族共同富裕团结进步精品带、百个民族乡村共同富裕点、千名共同富裕带头人、万家共同富裕户，景宁畲族自治县人均可支配收入进入全国120个自治县第一方阵，民族乡村与全省同步走向共同富裕。为实现上述目标，浙江省民宗委提出"铸牢中华民族共同体意识""推动各民族实现共同富裕""构筑中华民族共有精神家园""提升民族事务治理现代化水平"四大主要举措及其重点实施的十大工程。

一　系统推进民族团结工程，铸牢中华民族共同体意识

浙江省从构筑中华民族共同体意识样板、民族团结平台建设、民族团结共建示范三个方面推动共同富裕示范建设。

第一，实施铸牢中华民族共同体意识样板工程。推进铸牢中华民族共同体意识研究基地建设，联合统战、宣传、教育等部门在全省高校、科研机构中开展铸牢中华民族共同体意识研究基地重点培育工作。到2025年，培育10个以上省级铸牢中华民族共同体意识研究基地。推进民族团结进步教育基地建设，培育和挖掘各地在促进民族团结、密切民族关系、维护国家统一等方面具有重要影响和宣传

教育功能的文博、革命历史、旅游文教等场所，重点培育10个以上省级民族团结进步教育基地。推进民族团结进步网上阵地建设，开展"互联网+民族团结"活动，培育10个有一定影响力的民族团结进步网络宣传推广人。

第二，实施民族团结进步创建提升工程。开展民族团结进步示范体系平台建设，推动国家、省、市、县四级联创。到2025年，创成全国民族团结进步示范单位70个左右，打造省级民族团结进步重点培育单位400个左右。培育"浙里石榴红"品牌，到2025年，全省重点培育百个"石榴红"家园、百个"石榴红"驿站、百个"石榴红"工作室、百个"石榴红"志愿服务队、百个"石榴红"宣讲团等，实现全覆盖。

第三，实施对口领域民族团结进步共建示范工程。开展跨区域劳务协作和民族团结进步共建平台建设，协同人力社保等部门定期在对口帮扶民族地区举办劳务招聘会，全面建立与对口地区民族团结进步合作共建机制。认真履行浙江省新疆籍人员服务管理协调小组办公室职责，进一步协助做好新疆籍少数民族群众集体来浙务工工作。大力培育民族团结的"金种子"，协同教育部门总结推广长兴县新疆中职班"四融"教育模式，逐步提高民族班学生融合教育水平，促进各族学生交往交流交融。

二 融合乡村振兴，推动各民族实现共同富裕

共同富裕是全体人民的富裕，在共同富裕的道路上，一个民族也不能掉队。浙江省强调民族县乡发展，补齐短板，确保共享发展成果。浙江现有1个民族自治县，18个民族乡和382个少数民族聚居村，民族地区共同富裕的基础不够扎实，发展不平衡不充分的问题相对突出。浙江省在全国率先开展民族乡村振兴示范建设，全面开展民族乡村"消薄"提升工程和"双百村结对行动"，全省382个少数民族聚居村实现全面"消薄"。2021年，全省少数民族农村居民

人均可支配收入达 2.99 万元，继续走在全国前列。

浙江省从乡村振兴工程、"绿水青山就是金山银山"转化建设工程和区域帮扶三个层面推动各民族共同富裕。其一，实施巩固拓展脱贫攻坚成果同乡村振兴有效衔接工程。深入开展铸牢中华民族共同体意识教育，引导各族群众饮水思源，挖掘一批各族群众创业致富故事。支持民族地区加快发展，内生动力持续加强，以景宁畲族自治县、民族乡村为重点，加快在产业升级、财政收入、居民就业和增收、基础设施建设等方面取得一批标志性成果。支持民族地区加快发展帮扶政策延续深化，引导山海协作、支持山区 26 县发展等省内帮扶协作政策更多惠及民族乡村。其二，开展民族乡村振兴试点、共富示范培育，建设各民族共享的美好家园。实施"绿水青山就是金山银山"转化新通道建设工程。开展民族乡（镇）生态产品价值实现机制建设行动，推动民族地区绿色动能持续增强，完善生态产品价值实现机制，到 2025 年，力争有五个民族乡（镇）建立常态化 GEP 核算制度和 GEP 应用体系。开展民族乡村精品农业建设行动，支持民族乡村加快推进特色农业一二三产业融合发展，打造"一乡一品""一村一品"升级版，提升"丽水山耕""景宁 600"等生态农产品区域公共品牌影响力。开展民族乡村新兴产业建设行动，支持民族乡村推进农文体旅游融合。其三，实施升级版"双百村"结对工程。发挥政策帮扶优势，通过政策差别扶持、区域"山海协作"、社会鼎力支持的"三位一体"帮扶机制，明确 18 个经济发达县（市、区）和 22 个省级单位结对帮扶 18 个民族乡镇。发挥统战资源优势，以资金和项目持续帮扶经济相对薄弱民族乡村，继续深化和拓展宗教界结对帮扶民族乡村振兴行动。此外，浙江省不仅着眼于省内各民族共同富裕，还帮助对口地区"亲戚们"一起走向共同富裕。做好对口支援工作，带动全国民族地区共同富裕，浙江也要走在前列、干在实处、勇立潮头，以"排头兵"的姿态做好东西部协作和对口支援工作。

温州市苍南县岱岭畲族乡作为浙江省各民族共同富裕的重要试点，致力于打造"一乡五地"发展愿景，立足畲族民俗文化，探索畲族文化体验式旅游发展之路。一是深挖温州市首个以缅怀畲族革命烈士为主的红色纪念馆——福掌红色旅游精品村项目，逐步整合周边村畲族风情、农耕文明等旅游资源，探索打造红色研学基地，推动岱岭全域旅游发展。岱岭畲族乡做足要素保障、产业转型、畲乡特色三篇文章，带领群众在共富路上全速奔跑。二是融合乡村振兴战略和绿色发展促进产业转型，打造共富家园。启动总投入500万元的坑门村美丽畲寨项目，注重"微改造、精提升"，完成特色村口景观、游步道、白茶园等建设，打造国家级少数民族特色村寨培育点。在创成国家级特色民族村寨的基础上，投入1500万元开发了畲族风情农文旅综合体项目，融民俗风情和生态农业体验于一体，形成"原生态+畲文化+风情游"的特色发展模式，营造畲寨美。挖掘畲乡红色资源，启动总投入950万元的福掌村省级美丽乡村精品村项目，重点打造革命烈士纪念馆和村庄立面景观节点。三是秉承"社工新力量、站点大作为"工作理念，建成投用乡社会工作站，链接整合多方资源，创新推行七彩童年、红色就业坊、夕阳关爱三大品牌项目，作为苍南县典型亮相温州市社工站"六比"擂台赛，以文化建设带动民风焕然一新。

三 党建引领各民族精神共富，构筑中华民族共有精神家园

浙江建设铸牢中华民族共同体意识示范省，重点强调精神层面的"共同富裕"。浙江以党建为引领，建设铸牢中华民族共同体意识的"细胞工程"，打造"石榴红"系列品牌，以"互联网+""文化+"推进各民族精神共富创建工作。浙江省提出建设铸牢中华民族共同体意识示范省，有比较扎实的基础。浙江是在全国率先开展民族团结进步创建"七进"工作模式的省份，成功创建全国民族团结进步示范区示范单位43个，数量居东部沿海省份之首。宁波市、绍兴市

柯桥区、义乌市获评全国少数民族流动人口服务管理示范城市。

浙江省通过民族工作推动精神共同富裕，一是实施民族文化活动价值转化工程。推动民族地区公共文化基础设施建设，支持公共文化设施网络向民乡村延伸。到2022年，500人以上的少数民族聚居村实现农村文化礼堂建设全覆盖，创评10个省级少数民族传统体育运动基地，打造5个以上在全国有竞争力的优势项目。推动民族民俗文化品牌建设，鼓励扶持民族特色文创产业发展。推动民族工作领域交流平台建设，支持景宁畲族自治县和苍南县海峡两岸各民族交流与合作基地建设，创新开展省际各族青少年交流活动。

二是实施各民族交往交流交融的强基工程。全域化推进国家通用语言文字推广普及工作。开展交融共享的社区邻里文化工作载体建设，引导和支持有条件的城市社区建设民族融合展示馆、民族文化共享大舞台、民族团结主题公园等群众性文化共享平台，形成一批具有民族交融共享窗口效应的文化展示阵地。以社会主义核心价值观为引领，传承红色精神，构筑中华民族共有精神家园，大力弘扬中华文化，全面推进少数民族流动人口服务管理示范体系建设，在未来社区建设中加快构建互嵌式社会结构和社区环境，增强各族群众"五个认同"。

四 提升治理现代化水平，推进民族共富工作高质量发展

数字化改革是浙江省的特色优势，浙江省的民族工作坚持需求导向，围绕提升民族事务治理现代化水平、防范化解民族领域重大风险等需求，按照"大场景、小切口"，谋划开发"浙里民族团结石榴红"和"浙里畲乡共富"应用，以数字赋能铸牢中华民族共同体意识示范省建设。

第一，坚持多跨协同，注重顶层设计和基层创新相结合，构建"1+2+N"民族领域数字化改革整体框架，贯通省、市、县、乡、村五级，实现民族事务多跨协同管理和服务，支持景宁、北仑、柯桥、

义乌、桐庐莪山等地先行试点，力争建成一批管用、实用、可复制推广的场景应用。

第二，坚持系统重塑，发挥数字化改革的引领、撬动、赋能作用，驱动民族事务治理现代化方法、机制、手段重塑性变革，配套新时代浙江民族工作高质量发展的实施意见，制定"石榴红"品牌创建、助力民族地区共同富裕的实施方案，形成一批具有浙江辨识度、全国引领性的标志性成果。

第三，高质量推进全省民宗系统数字化改革工程。按照"理清堵点、找准切点、打造重点"工作思路，通过民族事务治理全域数据集成，全流程业务重塑，多部门多跨协同，体制机制创新。聚焦小切口大场景应用，科学谋划推进民族工作高质量发展的重大应用，推动重大改革落地见效，到2022年建成"浙里石榴红""浙里畲乡共富"两大场景，到2025年建成全国民族领域数字变革高地。

第四，深入推进民族事务治理现代化。建立健全推进民族工作领域管理服务体系，到2025年，民族事务治理体系和治理能力的现代化水平进一步提升，基本建成覆盖全省的少数民族流动人口服务管理体系，社区民族工作标准化建设全面推进，法治、德治、自治、智治融合的民族乡村治理体系基本建成。建立健全民族工作领域政策法规体系，制定或修订《浙江省民族团结进步促进条例》《浙江省少数民族权益保障条例》《浙江省景宁畲族自治县自治条例》等制度规章。

第二章　重视各层次多元化党建，强化共同富裕的组织保障

习近平总书记指出，要以伟大自我革命引领和推进伟大社会革命。尤其在追寻共同富裕这一伟大实践目标的路上，面临的任务更加困难、遇到的挑战更加严峻，只有坚持自我革命、组织自我创新才能从适应社会创新到引领创新，从"被动创新"到"主动求变"，真正激发自我活力、动力。浙江省作为共同富裕的示范区、数字化改革的引领者，前方既是一片大有可为的"新蓝海"，也是一片需要披荆斩棘的"无人区"。因此，在无例可循的情况下只有全方位地重塑组织形态、抓牢干部队伍，才能确保改革突破的全面性与高效性。

第一节　组织引领共同富裕示范区建设

创新型组织与传统科层制组织的区别在于，前者更强调以自我创新、高效运行、灵活适应和创新驱动为核心要素，通过自身的革新，实现动态的组织结构、运行机制灵活调整，从而应对外界形势的变化，适应新的挑战。所以，共同富裕示范区的建设，必须以打造创新型组织为抓手，围绕理念创新、方法创新、架构创新、机制创新四大维度进行落实，形成创新自觉意识，塑造创新能力，营造创新生态，加快取得重大标志性成果。

一 组织理念创新引领共同富裕示范区建设

理念是行动的先导,有什么样的思想就决定了什么样的实践成果。理念是文化的首要维度,而文化是一个群体心理的过程、观点、价值的集成,虽然基础是个体心理,但个体容易受到群体的强烈影响[1]。所以组织文化是由所有组织成员认同、共享的一整套理念以及隐含的行为规范所组成,其规定了组织成员的价值分配行为[2]。因此,在组织文化的若干个维度中,必须强调理念维度,超越其他维度成为文化工具,在根本上重塑组织的个性以及规约的方式。对于创新型组织而言,其理念是"引领创新",倡导的是"勇闯无人区"精神。

(一)打造创新型领导干部队伍,展现破难争先精神风貌

组织文化作为多维构成体,对其修改重塑并非简单加减,而是整体性的流程再造。因此,领导干部作为组织的重要因素,必须带头谋划、亲力亲为,一方面,营造学习型组织氛围。只有不断学习的组织,才有持续的创新力,所以对创新型组织的理解应在融通马克思主义学习型政党理论的基础上进行[3]。相关研究指出,推动塑造学习型组织,需要营造"包容错误的安全氛围"[4],当个体处于该氛围中,能较好地感知组织支持度,进而加深个体认同感、信任感,[5]形成创新型组织公民行为,即对已有工作的快速推动以及挑战创新

---

[1] 缪仁炳:《创业导向的文化根植:基于温州与关中两地的实证分析》,上海三联书店2006年版,第11页。
[2] 傅雨飞:《政府机构改革磨合阶段的组织文化创新与冲突》,《上海行政学院学报》2021年第5期。
[3] 张克:《什么是变革型组织》,《浙江日报》2021年7月26日。
[4] A. Edmondson, "Psychological Safety and Learning Behavior in Work Team", *Administrative Science Quarterly*, Vol. 44, No. 2 (1999): 350-383.
[5] L. Rhoades and R. Eisenberger, "Perceived Organizational Support: A Review of the Literature", *Journal of Applied Psychology*, Vol. 87, No. 4 (2002): 698-714.

任务①。

另一方面,发挥组织文化的中介作用。"安全氛围"的营造需要创新型领导塑造自由、反馈、清晰的组织愿景②,并且构建权力下放、强调创新的组织文化③。更加关键的是,发挥好组织文化的中介作用,即组织文化能有效勾连起创新型领导与学习氛围,促使两者发生彻底的"化学反应"④。换言之,领导干部的创新能力越高,组织文化便越凝聚,学习创新性便越强。

(二)坚持"三问于民",以人民需求引领创新

毫无疑问,组织文化的重塑是组织创新中最为深层次的改变,而对这场触及灵魂的深刻革命,只有坚持人民至上立场,才能确保革命方向始终沿着正确道路前进。

一是坚持问需于民。创新型组织的目标在于推动共同富裕示范区的建设,而示范区建设的目标是为提升人民生活质量水平,因此自始至终,人民需求便是创新的目标,所以创新的方向必定是人民的"痛点难点热点"。

二是坚持问计于民。问计于民方知虚实,坚持问计于民就是要更好地贯彻顶层设计,更好地激发人民的主人翁意识。尤其当前改革进入深水期,外部环境错综复杂,共同富裕示范区建设无例可循,只有动员基层共谋出路、共破难题,才能确保政策部署更加符合人民的根本利益。如宁波市招宝山街道推行的"三位一体"协同治理机制,强调社区党委领导下的居委会、物业联合,各类社区问题采

---

① L A. Bettencourt, "Change-oriented Organizational Citizenship Behaviors: The Direct and Moderating Influence of Goal Orientation", *Journal of Retailing*, Vol. 80 (2004): 165-180.

② C. E. Shalley and L. L. Gilson, "What Leaders Need to Know: A Review of Social and Contextual Factors That Can Foster or Hinder Creativity", *The Leadership Quarterly*, Vol. 15, No. 1 (2004): 33-53.

③ I. D. Jung, C. Chow and A. Wu, "The Role of Transformational Leadership in Enhancing Organizational Innovation: Hypotheses and Some Preliminary Findings", *The Leadership Quarterly*, Vol. 14, No. 4, (2003): 525-544.

④ 程龙、于海波:《变革型与交易型领导如何推动组织学习——基于组织文化的完全中介作用》,《山东财经大学学报》2018年第6期。

用"党员首议、居民共管"的方式，真正实现问计于民，社会治理效能显著提升。

三是坚持问效于民。创新不仅要在人民需求导向的基础上进行，更要实时动态调整，紧跟形势。因此必须坚持问效于民，将人民满意度、获得感以及社会的增量作为创新的标尺，制定出动态静态相结合、短期长期相结合、共性个性相结合的衡量体系，实时反馈创新成果。譬如，在共同富裕示范区的建设过程中，浙江省将人民最为关注的十项指标作为成果评价体系的重要组成部分，使人民能对共同富裕"看得见、摸得着"。

二 组织方法创新引领共同富裕示范区建设

当前，中国发展处于重要战略机遇期，相应的风险挑战也更加严峻，尤其世界正经历百年未有之大变局与新冠疫情双重叠加，新一轮技术产业革命蓄势待发，形势具有极强的不确定性。对此，必须找准引领创新的路径，以高灵活性、强创新性适应新变化。在组织适应性方面，学者霍兰德（Holland）提出复杂适应系统理论，即组织实际上是一个复杂的适应性系统，有能力对自身结构、行为、子系统等方面进行改变以适应环境变化。需要注意的是，改变是一个双向的选择，系统具有多元方向的变异，并均能保存这些变异，而最终变异的方向由系统基于环境变化的反馈决定[1]。实证进一步表明，组织发展趋势必然是复杂性的增长，但具体到组织创新的方向，是较为复杂且难以把握的[2]。换言之，组织变革必须将目标集中于环境的正反馈以及有价值的差异增大[3]。以共同富裕示范区的建设为例，组织创新需坚持"需求目标双导向、系统创新双思维"原则。

（一）坚持需求目标双导向

建设共同富裕示范区，推动社会高质量发展的根本目的是将改革

---

[1] J. H. Holland, *Hidden Order: How Adaptation Builds Complexity*, Basic Books, 1995, p. 3.
[2] 刘洪、周玲：《公司成长的复杂性分析》，《中国软科学》2004 年第 11 期。
[3] 刘洪：《组织变革的复杂适应系统理论》，《经济管理》2006 年第 9 期。

发展的成果更多地惠及全体人民。但示范区的推进不能眉毛胡子一把抓，必须重点突破，以点带面，找准痛点难点堵点，精准发力。一方面，及时深入了解人民的高频需求、企业的共性需求以及反复出现问题背后的治理体系优化需求等，通过进一步分析、梳理，形成重大需求清单，进而围绕需求清单有的放矢。譬如，浙江省发改委通过联动省市县三级发改系统的机关党组织，开展"党员进社（村）、共建好家园"专项活动，专题解决企业疫情下的复工复产相关需求，包括向企业宣讲国家的 33 条政策和浙江省结合实际细化出台的 38 条政策，确保相关政策落实落地，以及对企业政策外的难题进行收集上报。

另一方面，以核心业务为抓手，以贯彻落实中央和省委、省政府的重大决策部署为目标，通过重塑核心业务工作流程，找准任务切入点，全面发挥各层级效用，使各项工作落实落细。如省发改委开展"破百难、助共富"专项活动，对共同富裕示范区建设过程中，市县区域"急难愁盼"的问题进行收集，形成清单，并逐一落实、协调、办理，有效助推共同富裕示范区建设进程。

（二）坚持系统创新双思维

传统科层制组织对环境的适应往往属于效能型适应（Effient Adaptation）和反应型适应（Responsive Adaptation）两种类型，前者是非根本性的转变，指组织目标转变后，根据目标计划作出的调整适应，后者则是组织面对环境形势压力而调整自身结构以适应压力。① 创新型组织属于功能性适应，强调能及时根据外部环境变化主动创新自身结构与成分，适应新的挑战。② 其中，组织的主动创新通常可分为技术、服务、战略结构与文化四类创新，四者密不可分，协同增效，相互影响，共同决定组织创新的绩效成果。因此，打造创新

---

① 《延安民主模式研究资料选编》，西北大学出版社 2004 年版，第 88 页。
② 王思林：《延安时期中国共产党组织适应性研究——以陕甘宁边区为中心的考察》，《中共浙江省委党校学报》2015 年第 6 期。

型组织，推进共同富裕示范区建设，需要以系统性思维，把握四类创新方向，将组织文化创新作为抓手，战略结构创新作为载体，技术创新作为手段、服务创新作为展现，使建设成果直观可感。如海宁综合行政执法局，以数字化改革带动系统化建设，紧跟群众需求，开发停车、养犬、垃圾运输等智能化平台，不仅集成各类执法事件于一体，创新办事手段，下沉办事力量，而且有效提高群众办事满意度，真正实现"双导向、双思维"。

三 组织架构创新引领共同富裕示范区建设

传统管理学强调行政层级式、矩阵式、职能式、事业部式、扁平式等组织架构模式[①]，但无论哪一种模式，随着条块分割的加深，均存在一定利弊。因此，在创新型组织结构中，不存在某种模式"一家独大"，而是多种架构并存的混合型结构。该结构秉持开放、灵活的原则，综合利用各类模式的比较优势，面对变化迅速的外部环境能够灵活调整结构，并不断吸取新兴的架构模式。尤其是在共同富裕示范区建设过程中，各项工作基本"摸着石头过河"，各领域的开展的复杂程度、敏感程度、艰巨程度完全不弱于改革开放初期。所以，重大改革的推进，必须打破地方和部门条块分割的局面，全面整合内外资源，以矩阵型、网络型的专项小组、工作专班等结构作为组织保障。

（一）"抓条统块"，激发组织活力

政府内部的组织架构以职能式为基础，因此实现条块统合，盘活资源是首要的。一方面，提高专业素养，做深做实做精核心业务线，提高工作的专业性。如，浙江省发改委按照V字模型逐一梳理九条核心业务线，并将每条业务线逐层分解落实，精细化至最小工作单元，同时每层建立相配套的责任机制，促使相应工作单元均能成为

[①] 王丹：《新经济时代下企业组织架构敏捷变革新趋势》，《中国中小企业》2022年第6期。

行家里手。此外，建立人才双向流通驱动，不仅向下吸纳人才，还会将人才向下放，实现整条业务线上下贯通，互为助力。另一方面，综合集成各方优势，统合各层资源，实现跨层级、跨部门、跨领域、跨业务的多维网络协同。如，浙江省发改委以系统思维、创新思维为引领，以党建为抓手，通过工作、活动、青年等维度实现全省发改系统联动，每年一起研究共性问题、推进重点工作，对各类需协调解决的困难形成推进清单，逐一联系相关厅局、地方政府，确保各项工作落实到位。

（二）业务模块化，提升工作效能

共同富裕示范区建设推进过程中，存在大量项目任务需要多部门协同进行。因此，应推行"统分结合"的工作体系，将部门职能"模块化、专业化、数字化"，通过"专班化推进+清单化管理"，实现各类多跨事项落实落地。一方面，通过系统梳理工作内容，建立依单督查、依单督办、依单考核、动态调单的清单化管理机制。并依据该机制，围绕专项任务建立工作专班。另一方面，发挥综合部门的优势，打破边界、融合创新，对模块化业务工作进行动态、灵活的调整组合。如，浙江省发改委下属各处室通过牵头抓总、清单督办、月季年监测反馈，通力完成"十四五"规划纲要、经济运行监测分析数字化平台2.0版等一系列重大成果。

四　运行机制创新引领共同富裕示范区建设

创新型组织的建立、创新型领导干部队伍的打造，不仅需要组织文化、架构与方法的改变，也需要数字技术的引领以及多跨协同的运行机制保障。

（一）贯彻落实整体性治理理念，健全多跨协同治理机制

条块分割、职责重叠等问题是传统党政机关内部实现组织绩效持续提升的"拦路虎"，近年来，数字技术的引入，使此类问题有所缓解。但相关研究指出，数据技术其实长期存在于政府治理模式之中，

如泰勒科学管理模式、韦伯官僚制等①，技术成功与否实际由组织特征决定②。所以组织作为一个复杂适应系统，任何要素都非线性起效，而是相互作用的结果。换言之，要想发挥数字化改革的引领、撬动以及赋能作用，必须重视制度的协同演进，尤其技术具有灵活性与流动性③，既会随着时间发展受制度、社会、文化等因素的影响，又会动态递归地作用于这些因素④。因此只有实现制度的动态变迁，才能保证两者同步前行。

需要注意的是，其前提为必须全面贯彻落实整体性治理理念，做好顶层设计，通过整合各机关的不同职能，使机关之间的边界模糊化，便于开展跨部门的协同项目。如健全例会制度，通过动态梳理目标任务，定期汇报任务进展，及时把握任务方向，确保任务进度不出偏差，以及建立上下贯通、执行有力的督查机制，以专项督查、联合督查、自检自查等方式，形成工作合力。

（二）以数字化改革为引领，践行"整体智治"理念

共同富裕示范区的建设离不开数字化改革的赋能，因此在打造创新型组织时，要进一步加强数据的共享、流程的再造、场景的应用以及业务的协同，以智慧办公为切入点，推动大数据、人工智能、5G等前沿技术与机关工作深入融合，减轻工作负担。如，浙江省发改委依托"发改大脑"数据终端，实现办文通知模块化起草、文件办理当前流程可查可催，文件起草模板智能推送、历史文件关键字全文检索，办会环节实现多功能视频会商、预约呼叫无人机远程协

---

① 耿亚东：《大数据对传统政府治理模式的影响》，《青海社会科学》2016年第6期。
② L. F. Luna-Reyes, J. M. Hernández-García and J. R. Gil-Garcia, "Hacia un Modelo de los Determinantes de éxito de los Portales de Gobierno Estatal en México", *Gestión Y Política Pública*, Vol. 2 (2009): 307-340.
③ R. Gil-Garcia, *Enacting Electronic Government Success, An Integrative Study of Governmentwide Websites, Organizational Capabilities, and Institutions*, Springer: New York, 2012, p. 252.
④ L. F. Luna-Reyes and J. R. Gil-Garcia, "Using Institutional Theory and Dynamic Simulation to Understand Complex E-government Phenomena", *Government Information Quarterly*, Vol. 28, NO. 3 (2011): 329-345.

助调研，办事环节实现建议诉求一键直达、在线拜访沟通等功能，有效推动工作减压。

更重要的是，数字技术不仅能重塑工作流程，更能破解治理难题，提高人民满意感。如宁波市招宝山街道，通过引入数字化手段，开通智慧党建、智慧管家等平台，对标未来社区建设指标，实现基础政务 470 项网上全流程办理，办理时间缩短一半以上，为孤寡老人配置智能监测系统，真正实现"承受压力"到"释放张力"的转变。

第二节　开放平台共建推动山区 26 县跨越式发展

习近平总书记强调，共同富裕是全体人民共同富裕，是人民群众物质生活和精神生活都富裕，不是少数人的富裕，也不是整齐划一的平均主义。① 其建设过程应当主攻区域失衡、城乡分裂、收入两极化等问题，政策资源应当向欠发达的贫困区域倾斜，确保发展的全面、均衡。浙江省在打造共同富裕示范区的过程中，存在山区 26 县相比省内其他县市的发展速度、发展水平以及比较效益相对滞后。因此，山区 26 县虽然是浙江实现共同富裕的短板，但也是浙江发展水平"再上一层楼"的潜力所在。

为此，浙江省十部门联合出台《关于推进山区 26 县开放平台共建发展的指导意见》，以开放平台为抓手，通过推动信息、产业、人才、资金等要素进入"省内大循环"，从数字化改革、差异化发展、"双链长制"、山海协作等维度打造高能级平台与开放合作平台，充分发挥先进县市开发区的带动作用，由传统式"输血"机制转向自我"造血"体制，以此将山区 26 县的跨越式发展打造成共同富裕示范区建设的标志性成果。

---

① 《习近平谈治国理政》第 4 卷，外文出版社 2022 年版，第 142 页。

一　党建规划差异发展

毋庸置疑，浙江省区域经济发展失衡的问题已严重阻碍共同富裕示范区的建设，其根本原因是浙西南26县长期落后的区位条件，但需要强调的是，落后的区位条件是发展失衡的主要原因却不是唯一原因。事实上，制约26县发展的"绊脚石"各有情况，如县域产业结构的先天局限性、超出增长极的辐射范围、城市基础设施较弱、生产要素配置效率较差等。[①] 因此，对其赋能的路径必须围绕当地的特色产业、独有要素，展开"因地制宜"的"一县一策"清单化治理，既能实现"共性问题"全覆盖处理，又能推动"个性问题"精准化解决。具体而言，主要从政策驱动、科学管理等维度推动山区26县差异化发展。

（一）"滴灌式"政策驱动

对于这26县而言，精准的政策支持、强大的落实力度，是高质量发展的重要推动力。但具体发展计划的实施，实际上应分解至每个行政村，换言之，即便在一个县域内，也存在着山区与平原的不同，地理环境不单一，所以对于每个村而言，是否有发展潜力、能否发展特色产业是其差异化的根源。以武义县为例，辖区内从高山到丘陵，再到盆地，地形差异显著，北部、南部、中部发展也不均衡，因此推进共同富裕的过程中，不同村落有着不同手段。对于身处高山，基础设施滞后、产业结构薄弱、发展潜力较差的行政村，采取整村搬迁的方式，推动要素再循环，重新建构新经济区。对于已具备一定产业特色的村落，则以"滴灌式"政策，整合原有资源，更新生产模式，升级产品质量，推动产业结构转型创新。如将传统的种植业升级为机械化、数字化农业，将传统的线下销售方式转为纯天然土特产直播销售，将普通的古村落旅游变为文化传承与养生

---

① 刘桦杰：《浙江山区26县综合发展实力的实证研究》，《现代营销》2022年第7期。

基地，由此拓宽各个县的发展道路。

（二）"清单化"科学管理

政策是实现 26 县跨越式发展的驱动源泉，但需要"清单化"的科学管理手段将动力转化为开放平台向高能级跃迁的能量支柱。所谓清单式管理是指以清单形式将公共事务、政策等宏大事件逐一分解为具体事项，进而逐条解决、逐项推进[①]。尤其在 26 县跨越式发展过程中，面临的问题往往仅靠单一部门难以解决，而是需要跨部门协同。对此，清单化管理能有效构筑起交互影响的场域，建立跨部门、跨层级的运行机制，以清晰具体的概念框定权责交叉事项界限[②]。如，浙江省发改委为落实"破百难、助共富"活动的要求，创新建立基层难题"一本账"模式，即要求省发改委各党支部同 26 县结对，以党建为引领，深入开展走访调研活动，对于能解决的问题当场予以答复，对于难以解释的问题予以解释并提供相应的政策指导，对需要多跨协同解决的问题则建立问题清单、责任清单，明确相关办理时限，并通过构建交办、督办、答复、反馈、销号全链条闭环模式，确保基层难题有效解决。

二 "双链长制"驱动产业平台腾飞

产业链是经济发展的顶梁柱，其中任何环节的阻滞均会引起区域经济发展的波折。[③] 习近平总书记强调，大国经济必备的重要特征之一就是产业链、供应链的稳定与发展，越是关键时刻，越不能"掉链子"[④]。当前国内产业链的安全水平、技术水平、稳定水平正经受"大考"。由此，以中国特色社会主义市场经济体制为基础，以产业链全面升级为目标，"链长制"应运而生。其概念是以地区行政长官

---

① ［美］阿图·葛文德：《清单革命》，北京联合出版公司 2017 年版，第 60 页。
② 纪林繁：《社会治理体系中负面清单的管理模式》，《行政论坛》2017 年第 2 期。
③ 杨耀武、倪红福、王丽萍：《后疫情时期的全球产业链的演变逻辑、趋势和政策建议》，《财经智库》2020 年第 6 期。
④ 习近平：《国家中长期经济社会发展战略若干重大问题》，《求是》2020 年第 21 期。

担任"链长",负责统筹协调辖区内主导的特色支柱性产业链上下游相关企业的生产、创新、销售活动,从而实现相关企业互联互通、技术能力持续创新、整链韧性持续提升①。

由此可见,"链长制"是地方政府指导区域产业结构升级、经济发展实践的重要政策路径。因此,在共同富裕示范区的建设过程中,浙江省面对山区 26 县的显著差距,依靠"一县一策"不仅能起到方向性作用,更重要的是转变相关地方政府治理思维、打破行政壁垒、调动区域资源,形成跨地区、跨行业的多元产业合作平台。具体而言,主要从顶层设计、创新引培、产业互嵌三个方面着手,助推 26 县产业的"涅槃"。

(一) 做好顶层设计

在"链长制"的基础上进一步创新升级,浙江省提出"双链长制",主要意图是形成系统的组织架构与稳定的协作机制,做好顶层设计,确保实施力度。一方面,链长能有效调动大量行政资源,统筹区域内各发展要素,提高资源配置效率,并且链长较高的行政层级,在大局视野下能精准发现辖区内的产业结构潜力及其薄弱环节。如,杭州市的产业链直接由市委领导担任链长,以专人推动区域产业谋划和措施落地。此外,与"链长制"相配套的是"挂图作战"模式,无论是核心技术推进、人才项目落地还是重点经费支撑,均能以清单化方式逐一解决,稳步推进。

另一方面,顶层设计不仅需要全局性视野,更需要专业性指导。一般而言,产业链发展升级均需要龙头企业的带动,但仅凭龙头企业的入驻,难以带动上下游企业的发展,难以确保企业特色与当地发展潜力的契合度。极易从"块状经济"衰变为"孤岛"式发展,陷入"孤立、封闭、内聚"的怪圈。② 对此,必须以支柱性产业为主

---

① 刘志彪、孔令池:《双循环格局下的链长制:地方主导型产业政策的新形态和功能探索》,《山东大学学报》(哲学社会科学版) 2021 年第 1 期。
② 《谨防山区 26 县跨越式高质量发展中的"孤岛效应"》,《浙江经济》2022 年第 5 期。

导，依靠专家团进行"量体裁衣"，设计专项化提升方案。如，丽水围绕市域内的主导产业，成立由双链长、专家团队组成的216人产业链专项服务队，为丽水市的主导产业构建起"1+15+1"的产业链提升方案，并围绕产业链后续发展的技术、土地、资金等问题提供专项解决方案，切实做好产业链培育工程。

（二）深化创新引培

区域产业链的发展不能依靠单一企业的支撑，尤其是创新型产业需要上下游企业齐发力、共突破，才能实现产业结构的转型升级。为此，必须健全企业梯度化引培机制，打造全面化的产业主体。对于大型企业、龙头企业而言，尤其是产业发展的"顶梁柱"，需倾斜资源，将其进一步塑造为产业垂直高整合度企业，成为产业的标志性旗舰。而对于中小企业，应侧重于"专精特新"的发展方向，聚焦其核心竞争力，成为行业的"小巨人"，弥补旗舰企业的短板，提升地区产业结构竞争力。如，丽水市针对企业发展需求，搭建起政企校三方合作平台，以"揭榜挂帅"制度实现关键性瓶颈技术突破。此外，更要注重新生企业的培育扶持，加强金融性政策支持，引导新兴产业与地方主导产业的深度融合，进而实现新兴产业有序、灵活、动态地迭代更新，推动支柱性产业持续性发展。

（三）做好产业互嵌

仅靠"链长制"只能实现区域协作的"单向输血"，不利于后发地区的跨越式发展。浙江省提出"双链长制"将26县的相关产业链链长同发达地区的开发区"链长"进行结对，双方互相兼任，实现传统产业梯度性转移变为创新成果落地化发展。具体而言，两地通过项目共引、产业共建的方式，实现"飞地式"产业园区，使先进开发区溢出的信息、资源，流向对口帮扶的飞地产业园，不仅实现自身产业的更新升级、新旧动能的转换，更强化了双方产业的合作基础与防灾避险能力，使26县区在高能级平台开展招商引资活动时，拓宽了谈判空间。需要强调的是，虽然双方链长互相兼任，但在实践过程中，仅侧重于产业、招商、税务等政策的协同性，仍保持区域间的合理竞争，避免相互干预，导致产业生态演化失败。

三 党建引领资源共享，带动 26 县"奔富"

共同富裕示范区建设的关键点与突破点，就在山区 26 县能否实现跨越式发展。尤其各级党委要从理念方法行动机制层面推动创新型组织建设，塑造上下贯通、执行有力的全景式组织，以党建为统领，强化领导责任，提高各大开发区、省级高能级平台的政治站位，发挥考核"指挥棒"效用，将 26 县开放平台的发展程度纳入省山海协作工程的考核之中，并建立超常规的政策体系，拓展迭代山海协作新内涵，开创新时代的"山""海"优势，以制度集成、技术集成、资源集成驱动先富带动后富，推动信息、人才、产业向山区转移，滚动推进"产业飞地"建设，构建起项目共引、产业共建协作新格局。具体而言，主要从党建统筹、产业飞地、人才共建三个方面助推 26 县高质量发展。

（一）党建统筹引领

基层党组织是贯彻党的意志、执行党的政策的最小单位，实现共同富裕必须发挥党建的引领、统筹作用。一方面，对于山区 26 县而言，政策的执行者、发展的践行者，基础单位是村级党组织，所以实施共同富裕的关键在于强化党的领导，充分发挥基层党组织的战斗堡垒作用，将党建优势转化为产业发展优势。如，临海市依托党建联建，将企业、农民与基层党组织三方力量汇聚，进而实现制度共建、资源共享，打造村级"共富工坊"。工坊主要负责根据村既有产业基础、资源发展潜力进行定制化项目设立，并梳理干事清单，根据清单整合乡镇、乡贤、农村银行、社会组织等力量，各自发挥技术、人脉、资源等优势。资源匮乏、位置偏僻的村落通过"股份制、分红制"的形式，以资金、党员人才等要素进行参股，实现"造血式"持续性发展。

另一方面,对于省市机关而言,以党建为引领,针对山区26县发展过程中的难点、痛点,以针对性服务、闭环式处理赋能高质量发展。如,省发改委以党建联建为纽带,充分利用结对县市红色资源多、红色足迹广等优势,引导机关支部与地方党组织开展党建联建活动,包括联合开展主题党日活动、志愿服务、参观、宣讲等,有效促进了省发改委机关支部与地方发改委党组织的沟通交流和互学互鉴,进而更好地发挥自身宏观战略与综合规划优势,协作组建智库力量,为党建结对县市理清发展思路,描绘发展蓝图。

(二)产业飞地经济

开发区是地方经济增长、技术能力创新、产业发展腾飞的重要引擎。但对26县区而言,要依靠自身资源能力带动产业结构的突破性发展。为此,浙江省出台《关于加强自然资源要素保障助力稳经济若干政策措施的通知》,提出产业飞地建设模式。传统的产业飞地模式是指两个存在差距的地区,打破行政壁垒,通过跨空间,实现产业共建、项目共享、要素互流。一般而言,在两个结对地区之中,通常是发达区域向较弱区域输送资金、管理、开发技术等要素,并向其转移亩产较低、污染较大的企业。与此不同,新兴科创型飞地虽然也是资金、产品等资源的流动,但方向截然不同,而是由欠发达地区向发达地区输送人才、资金、产品需求等,甚至包括孵化平台初具规模的新兴企业,从而实现产业发展的专业化、市场化、国际化。

(三)人才共建体系

人才是践行山区跨越式高质量发展的基础,只有形成高素质专业化的干部队伍,才能助推产业结构持续升级。一方面,省市县协作出台人才引进政策,鼓励专业技术人才、领军人才、高校毕业生等到县域发展。同时,探索建立"科技镇长团""博士服务团"等模式,激励专家院士等高级人才长驻开发区。另一方面,加大机关内部干部交流力度,鼓励26县与省级单位、其他地区之间的干部进行挂职互派。如，省发改委将培养干部作为结对服务的重要目的，不仅通过专业干部下派为地方发展提供智力支持，而且通过接受上挂锻炼为地方培养一批视野宏观、业务精通、能用好用的干部。此外，更加完善相关制度，建构选派、分配、培养、锻炼、考评的育才"一条链"闭环，确保挂职干部得到真锻炼、真成长。

第三节 "县乡一体、条抓块统"赋权赋能乡镇治理现代化

乡镇是政权承上启下的重要纽带和基层治理的关键环节。近年来，浙江省推进"县乡一体、条抓块统"改革实践（见图2-1），重塑以县乡管理体制和基层治理体系为发力点的重大集成改革，是数字化改革在基层的综合性探索和实践。

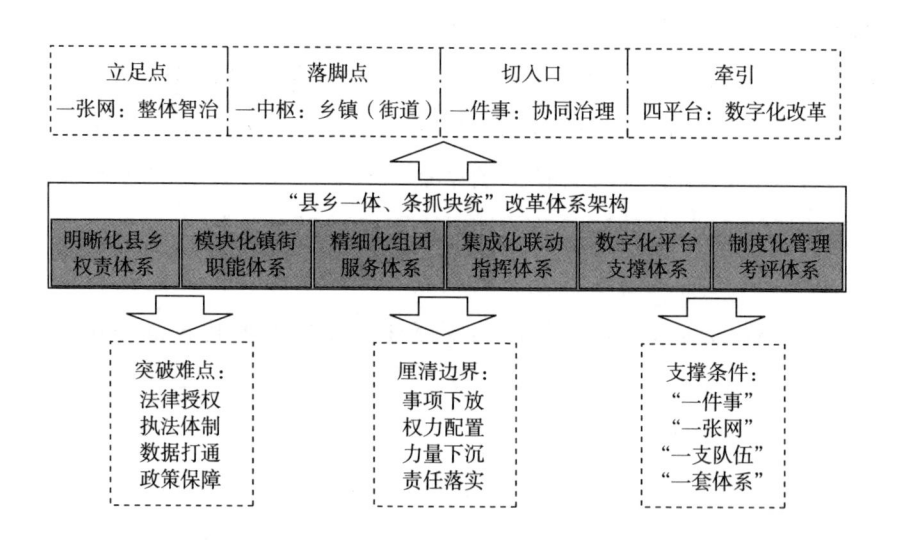

图2-1 衢州市"县乡一体、条抓块统"改革的体系架构

"县乡一体、条抓块统"改革试点对推进浙江省县域治理体系和治理能力现代化具有重要意义。"在治理能力现代化背景下，乡镇政

府在基层治理职能的现代化演进过程中，表现出治理职能定位与基层治理实际存在偏差、公共服务职能扩张与财政投入不匹配、基层治理力量下沉不足及治理理念未转变等问题。应通过治理资源向公共服务领域倾斜、治理重心向基层下沉、构建协同合作的乡镇治理模式以及完成治理理念的现代化转型四个方面的调整与实施，层层递进，以期实现乡镇政府基层治理职能的现代化转型。"① "县乡一体、条抓块统"改革是推进乡镇治理现代化，破解"上面千条线、下面一根针""乡镇权责不对等"等问题的重要抓手和突破口。

"县乡一体、条抓块统"改革试点对推进浙江共同富裕示范区建设具有同等重要意义。浙江省共同富裕示范区建设要求城乡发展更加协调，基层治理能力明显提升，人民生活更加美好。共同富裕本身作为现代化的内在要求，"作为一种全社会的整体性事业应该超越某种单一机制与逻辑……究其根本，应属于治理体系的一种，应容纳于治理体系的理论框架和认知序列之中"。② 因此，共同富裕示范区建设是"县乡一体、条抓块统"改革的重要内容和实践场域，"县乡一体、条抓块统"通过释放制度优势，是保证乡镇治理效能过程与迈向共同富裕过程的有机统一。

"县乡一体、条抓块统"改革实践有其充分的理论依据，主要包括整体性治理理论、数字化治理理论、协同治理理论和制度主义理论等。这些理论为"县乡一体、条抓块统"改革实现党建统领、技术赋权、流程再造、制度重塑提供重要智力支持（见图2-2）。

一　以党建统领推动基层整体智治

党的领导是中国特色社会主义最本质的特征。基层治理必须坚持党的领导，在基层政府治理体系中发挥党建统领整体智治的作用。

---

① 江国华、罗栋梁：《乡镇政府治理职能完善与治理能力现代化转型》，《江西社会科学》2021年第7期。
② 刘涛：《共同富裕治理的制度主义方法论》，《治理研究》2021年第6期。

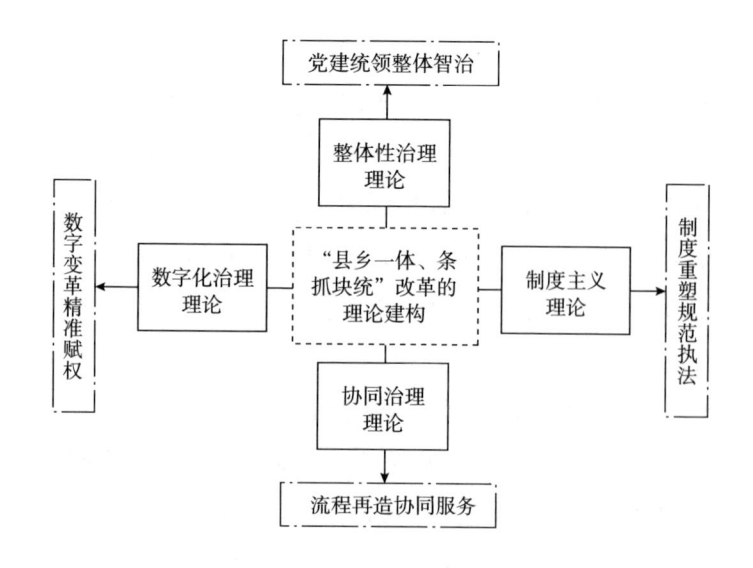

图 2-2 "县乡一体、条抓块统"改革的理论建构

党建统领是指党对一切工作的集中统一领导，党建统领社会治理包括强大的政党、总体性社会、整体性治理和科学的统领机制四个构成要件，按照从政党的政治功能到治理功能提升的逻辑运行。[①] 这要求把党的领导贯穿于基层治理的全过程、各方面，整体性、系统性地推进基层治理体系和治理能力现代化。

（一）强化党建统领的领导机制

强化党建统领要坚持和完善党的领导制度体系和体制机制。因此，在"县乡一体、条抓块统"改革过程中要坚持党的全面领导的体制机制，确保发挥党对改革的领导作用。

一是抓牢各级党委"一把手"的第一责任人责任。在"县乡一体、条抓块统"改革过程中坚持书记抓、抓书记，坚持书记具体抓、抓具体，各级书记在改革的难点堵点面前主动靠前、精心谋划，把改革成效和推进过程纳入党委政府中心工作和年度目标考核体系，

---

① 姜裕富：《党建统领：社会治理的一个分析框架——以衢州为例》，《农业农村部管理干部学院学报》2021年第4期。

强化"一把手"的政治执行力,在改革攻坚中"一把手"冲在前、做表率,确保改革顺利进行。

二是发挥各级党委总揽全局、协调各方的主体责任。各级党委政府做好改革的系统谋划、顶层设计和整体性推进改革的落地实施、监督考核、作战指挥、组织领导。凝聚各部门力量形成整体智治合力。在改革实践过程中不断总结经验教训、创新改革举措、迭代升级优化方案,确保改革实践持续深化、落细落实。

三是组建专班化运作领导小组集中攻坚。成立改革工作专班的"领导小组",由市委书记任组长,市领导担任副组长、推进办主任,推进办下设综合指导、法律授权、执法体制、数据打通、综治工作、一体化统筹推进,并健全省市县专班协同推进机制,实行例会制、报表制、考评制。

(二) 重塑党建统领的组织职能

"乡镇治理需要在党委领导下的各利益相关者共同参与和协同。其关键在于乡镇权力的重构,并在体制内通过权力重构达到乡镇不同权力主体之间的合作,以及乡镇政府与农村社会之间的合作。"[①]"县乡一体、条抓块统"改革通过全方位、系统性重塑组织结构,整合各机关单位职能,在党建统领下实现跨部门、跨领域、跨层级系统集成、高效协同,实现权责重构、资源重配、职能重整。

一是重构县乡组织体系。以基层治理"一件事"集成改革为切入点,重构县乡村组织载体,构建县域社会治理"一中心"、乡镇综合信息指挥"一枢纽"、村社"一网格",完善上下贯通、执行有力的组织体系。

二是科学配置权责体系。明确乡镇综合信息指挥室职能定位是基层治理"四平台"线上线下的融合汇聚点,是党建统领基层治理体系运行架构的指挥中枢和改革的承接节点。乡镇党委书记兼任综合

---

① 吴金群:《乡镇治理的制度化及其提升策略——基于全国 30 个乡镇规程的比较研究》,《南京社会科学》2013 年第 11 期。

信息指挥室主任，归口党建统领平台模块，与党建办合署，赋予其指挥权、督导权、考核权。

三是构建健全制度体系。在"县乡一体、条抓块统"改革的制度体系中，主要由组织领导制度、数字技术制度、人才队伍制度和考核督导制度构成，其中组织领导制度体系明确提出要坚持加强党的全面领导、全面加强党的建设，发挥各级党委的领导作用和基层党组织的战斗堡垒作用。

（三）创新党建统领的运行体系

在"县乡一体、条抓块统"改革过程中，坚持党建统领基层治理，以基层整合审批服务力量为契机，推进乡镇模块化运行改革，重构党建统领、经济生态、公共服务、平安法治等大模块运行，使基层体制机制更加简约、社会治理更加高效、服务群众更加便捷。深化"基层治理四平台"建设，推进"模块"架构与"平台"架构深度融合，通过模块统筹乡镇主要职能，统筹县乡资源力量，形成以功能模块为主体、以内设机构为支撑、以专项工作组为补充的模块化运行架构。通过资源整合、重组架构，聚焦理顺事权、管好人权，带动流程再造、人员融合，促进县乡联动、块抓条保，实现扁平一体、兵团作战，全面提升乡镇统筹协调能力，全面增强基层改革整体效应。

二 以数字技术精准赋能、赋权乡镇

（一）赋能县乡全域多业务高效协同

"县乡一体、条抓块统"改革以数字化改革为牵引，依托全省一体化智能化公共数据平台，构建数字化平台支撑体系，制定基层治理主题数据库，为基层治理应用场景创新提供有力数据支撑，推动"人、事、地、物、组织"的标准化、颗粒化、在线化。形成"精准识别、自动流转、即时响应、全程可控"智治支撑体系，实现事项快速响应、快速联动、快速处置。

建设统一归集、融合、识别的社会治理事件信息拓展能力，对重复事件、相似事件、风险预警事件的事件分析能力，基于预案沉淀的"两难"、危重事件的全流程线上联动指挥能力，打造"条抓块统"智治引擎，赋能区县、乡镇的智治应用，推动"条抓块统"应用智能化升级。这有助于基层治理的整体性推进，减少制度资源耗散，避免不必要的部门、条块冲突。

（二）赋能乡镇综合指挥中枢智能化运作

优化指挥联动工作机制，推进社会治理领域从"多中心"向"一中心"集成，打通县乡村一体枢纽节点，完善社会治理事件信息收集、交办、反馈、分析、研判等功能，实现综合指挥纵向贯通、横向协同。强化乡镇（街道）综合信息指挥室枢纽功能，以中心镇、较大乡镇（街道）综合信息指挥室为载体，向上接通县级社会治理中心，横向打通其他乡镇（街道）综合信息指挥室，向下贯通村社全科网格。以此为基础，进一步充分发挥"基层治理四平台""两难"问题钉钉群等作用，进而统筹协调行政执法、市场监管、应急管理等事务，形成区域社会治理全过程、各方面的闭环管理机制。

（三）赋能乡镇权限资源人员

精英下沉既是社会开放的机制之一，也是实现社会公平的一种机制。"精英下沉"有利于优化人才结构和基层治理。① "县乡一体、条抓块统"改革重塑乡镇与县级部门之间的关系，让更多的部门资源、权限、干部力量等向乡镇倾斜、下放、下沉，完善乡镇在基层治理过程中权、责、利相统一，进一步强化乡镇管理、考评权力，并且改变以往部门单向考评乡镇为部门乡镇双向考评，使基层治理更便捷，服务群众更高效（见图2-3）。

---

① 吴新叶：《"精英下沉"有利于优化人才结构和基层治理》，《探索与争鸣》2015年第10期。

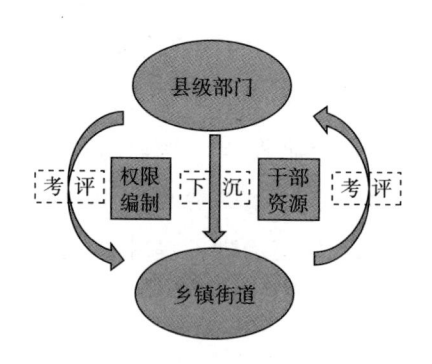

图 2-3　县级部门与乡镇（街道）赋能关系

一是实行编制统筹管理。推进县级编制纵向下沉，将现已核定给乡镇（街道）的编制，按一定比例实行机动管理。进一步加大乡镇（街道）管理方便，加强有效事权的下放力度，按照"人事编一体"原则，综合下放事权的数量、工作量和难易度等，相应从县级调剂与事权相适应的编制到乡镇（街道），确保乡镇（街道）有承上启下的事权。

二是实行编制人员"双锁定"。锁定部门派驻乡镇（街道）机构的编制数，实行"专编专用"。锁定下沉到"基层治理四平台"纳入乡镇（街道）统筹管理的派驻干部，日常管理考核由乡镇（街道）负责，实行机构编制实名制备案管理，原则上在同一乡镇（街道）的工作期限不少于两年。

三是实行乡镇（街道）干部"四维考评"。健全完善"岗位赋分+模块评分+组团积分+专班计分"四维考评机制，将乡镇（街道）编内编外人员及部门派驻人员统一纳入考评体系。建立"四维考评"线上考评管理系统，叠加智能采集汇总、智能分析研判等功能，构建全方位、立体式、透明化考评体系，激励干部担当作为。

四是实行派驻干部"四权管理"。按照属地管理原则，赋予乡镇（街道）对派驻干部的指挥协调权、考核管理权、推荐提名权、反向否决权，加强乡镇（街道）对派驻人员的统一指挥、统筹管理。

五是实行县乡"双向考评"。整合精简部门对乡镇(街道)业务考评,由县(市、区)党委政府统一考评乡镇(街道)工作实绩,制定考评项目清单,严格审批管理,降低考评频次,精简考评内容,减轻基层负担。赋予乡镇(街道)对部门的考核评价权,重点考评"属地管理"事项责任清单落实、组团服务村社、人员力量下沉和集成联办"一件事"等工作情况。

三 以流程再造实现部门协同联动

受制于"政治晋升锦标赛体制"和"目标责任制"压力,基层部门制度颁布的随意化、政策"打架"等现象较为严重,部门间政策冲突、条块间价值冲突时常出现,使基层治理"制度资源耗散",破坏基层整体性治理制度的"结构场",进一步加剧基层治理制度碎片化。[①]"乡镇治理在本质上是协调乡镇各利益相关者之间责、权、利关系的一系列制度安排。"[②] 因此,为破解基层治理县乡间、部门间协作壁垒、推诿扯皮、权责不清等堵点问题,"县乡一体、条抓块统"改革以"一件事"集成改革为突破口,以数字化改革为牵引,以乡镇为立足点,厘清县乡、各部门权责,强化县乡协同联动。通过"条抓块统"智治引擎赋能,各县(市、区)基于"浙政钉"建设"两难"三级钉钉群智能化应用,实现"联动指挥",整体性推进县乡治理体系和治理能力现代化。

"一件事"集成改革是对基层治理尤其是解决乡镇面临的难点堵点问题的流程重塑与再造,改变以往乡镇单方面寻求多部门解决问题的旧有流程方式(见图2-4)。

基层治理"一件事"改革的实施主要由五方面构成。一是制定清单。在梳理乡镇(街道)权力事项清单基础上,明确"属地管理"

---

① 曾凡军、潘懿:《基层治理碎片化与整体性治理共同体》,《浙江学刊》2021年第3期。

② 赵树凯:《乡镇治理与政府制度化》,商务印书馆2010年版,第283页。

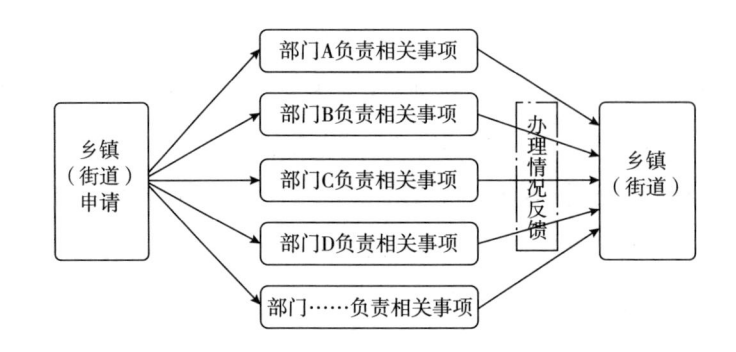

图 2-4　"县乡一体、条抓块统"改革前乡镇"一件事"工作流程

事项责任清单，在此基础上，全面梳理高频事项、高权重事项、群众企业需求事项，聚焦矛盾纠纷、综合执法、生态环境等重点领域集成为"一件事""共性清单"，按照"成熟一批、实施一批"的要求，编制基层治理"一件事"清单目录。

二是厘清职责。按照"一类事项由一个部门统筹、一件事情由一个部门负责"的原则，每件事确定一个牵头部门和若干协同部门。牵头部门根据该事项上一级是由哪家部门牵头负责、该事项处置过程中哪个部门涉及工作量最多确定，或者由党委政府根据需要指定。在充分沟通、协商一致的基础上，厘清牵头部门、协同部门、乡镇的职责边界，衔接好关键环节的责任链条，每个环节责任细化到人到岗。牵头部门统一负责事项受理、组织协调、联动处置和办结反馈，协同部门根据职责分工，依法依规进行办理处置。通过理清条块职责链条，基层治理"一件事"改革建立了整体协同运行机制。按照"谁主管、谁负责"的原则，强化牵头部门责任。明确乡镇只找牵头部门，牵头部门负责协调其他部门，把职责落实到具体部门具体岗位具体人员，有事一呼就应，实现乡镇找部门"最多跑一次""只找一家门"。

三是编制流程。围绕减环节、减时间、减材料、减流程目标，按照乡镇内协同和县乡间协同两个层级，编制"一件事"运行流程图，形成"上报、受理、交办、处置、反馈、评价"全周期管理闭环。（见图2-5）全面提升多部门跨层级协同效能，编制工作运行流程图同时也是一个流程反思和再造过程。形成"乡镇上报、部门接单、一线评单、全程跟单"全链条闭环式办理流程，实现"乡镇发令、部门响应"，最终以乡镇部门"双向考评"作为督导保障。

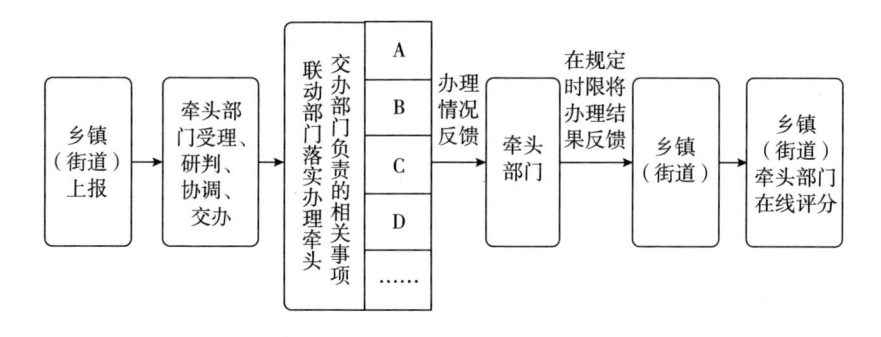

乡镇（街道）上报 → 牵头部门受理、研判、协调、交办 → 联动部门落实办理牵头交办部门负责的相关事项（A、B、C、D……） → 办理情况反馈 → 牵头部门 → 在规定时限将办理结果反馈 → 乡镇（街道） → 乡镇（街道）牵头部门在线评分

图2-5　"县乡一体、条抓块统"改革后乡镇"一件事"工作流程

四是健全机制。建立处置会商机制，由牵头部门负责召集协同部门和属地乡镇，共同对疑难繁杂事项进行会商研判，减少决策层级和环节，提高决策处置效率。

五是线上运行。将"一件事"办事流程、业务模块、协同机制等从线下搬到线上，通过数字赋能、业务协同、流程再造，强化"一件事"颗粒化场景应用，在线实时指挥、进度实时掌握、在线督导反馈等。为确保"一件事"顺畅高效运行，配套建立一系列协同联动机制，强化数字赋能、人机协同、流程再造、场景应用。在全省一体化智能化公共数据平台整体框架下，构建市域统一"一件事"运行平台，并按照标准统一、集成联办要求推进部门间数据共享、业务协同、流程再造，固化办事流程、业务模块、协同机制等，推动"一件事"全流程线上运行。

四 以制度重塑提升行政执法效能

制度化是衡量现代化水平的重要依据,"要实现政府决策机制的优化,必须在建立和健全相关制度,解决技术性的制度缺陷问题的同时,着力培育与发展制度精神,提高制度执行力"。① 因此,推进基层治理现代化,推进"大综合一体化"行政执法改革,要在制度层面构建健全的保障体系。包括使改革合法化、进一步集中乡镇执法权、提高乡镇执法人员的执法水平、完善执法监督机制等手段,完善乡镇综合执法体制改革。②

《浙江省加快推进"大综合一体化"行政执法改革试点工作方案》指出,要融合"县乡一体、条抓块统"改革,整体推进"大综合一体化"行政执法改革。形成权责统一、权威高效"大综合一体化"行政执法新格局,实现执法扰企扰民现象大幅减少、违法现象持续下降、法治化营商环境不断优化、人民群众满意度显著提升。这要求在更大范围推进跨领域跨部门综合执法、更大力度地整合精简执法队伍,进一步下沉执法权限和力量,全面推进执法数字化改革,推进严格规范公正文明执法。

(一)以"综合查一次"制度推进跨领域跨部门综合执法

《浙江省人民政府办公厅关于全面推行"综合查一次"制度的指导意见》提出,"综合查一次"制度是对涉及跨部门、跨领域、跨层级多个执法主体的相关行政检查事项进行"一件事"集成,在同一时间对同一监管对象进行联合执法检查,防止监管缺位,防止政出多门、多头执法、重复检查,避免重复检查的综合行政执法制度,切实减轻企业、群众和基层执法部门负担。全面推行"综合查一次"制度,凝聚执法合力,强化执法责任,提高执法效能,着力破解行

---

① 钱玉英、钱振明:《制度建设与政府决策机制优化:基于中国地方经验的分析》,《政治学研究》2012年第2期。
② 何石:《基层治理现代化背景下乡镇综合执法体制改革研究》,《经济研究导刊》2021年第30期。

政执法中存在的重复执法、多头执法、随意执法和执法盲区等难题,维护经济秩序,保护合法权益,加快塑造创新,创造法治化营商环境,建设全覆盖的整体政府监管体系和全闭环的行政执法体系,发挥政府行政执法协调指挥机制的作用,深化多跨协同,促进执法监管整体化、规范化、标准化,实现联动闭环监管,打造人民满意的法治政府。

(二)以"一支队伍管执法"制度整合精简执法队伍

在"县乡一体、条抓块统"改革和"大综合一体化"行政执法改革中进一步突出"一支队伍管执法"的重要作用,推进行政执法权限和力量向乡镇延伸和下沉,多措施强化乡镇(街道)的统一指挥协调权,健全县乡联动、高效协同的执法联动机制,做实做优监管执法平台,全面提升基层治理现代化水平。一是推进执法权限下放精准化。结合乡镇(街道)具体情况,选定赋权乡镇、制定赋权标准、制定赋权清单、规范赋权程序。二是推进执法力量资源集约化。有效整合乡镇(街道)现有执法资源和力量,造就一支高素质的乡镇(街道)执法队伍,进一步强化乡镇(街道)对"一支队伍管执法"的指挥协调、考核管理、推荐提名、反向否决等权限。三是推进执法实战运行一体化。充分发挥好乡镇(街道)综合信息指挥室作用,贯通县、乡、村三级指挥网络,统筹管理辖区内行政执法活动,整合调配使用执法力量,形成发现、交办、处置、反馈、考核评价工作闭环。

(三)以"乡镇(街道)综合行政执法"推进权限和力量下沉

根据《浙江省人民政府办公厅关于推进乡镇(街道)综合行政执法工作的通知》要求,为提升基层治理体系和治理能力现代化水平,认真落实中央关于推进基层整合审批服务执法力量和省委、省政府"县乡一体、条抓块统"的决策部署,整体协同推进"大综合一体化"行政执法改革,在全省推进乡镇(街道)综合行政执法。各地根据乡镇(街道)差异化特色化发展水平,采取不同方式实施综合行政执法,如对于有能力承接事权的乡镇(街道),以赋权方式能更好整合基层执法职责和资源,推动部分法定行政处罚权的落地。乡镇(街道)依托"基层治理四平台",统筹管理辖区内行政执法活动,调配使用执法力量,及时查处违法行为。

(四)以执法监管数字应用建设推进执法数字化改革

有学者研究表明,大数据发展水平与制度环境的有效契合是提高政府绩效和抑制腐败的关键,制度环境是大数据发展水平对政府治理效率发挥作用的主要边界条件。[1] 因此,数字化改革效能发挥有赖于制度体系的支撑,从而共同发力提升改革治理的效能。

《"大综合一体化"执法监管数字应用建设工作总体方案》指出,在顶层设计总体架构下,构建全省统一的"大综合一体化"执法监管数字应用,开发协同指挥模块、执法监督模块,优化完善监管检查模块、处罚办案模块,实现统一数据标准、统一用户体系、统一业务应用,强化执法协同、执法监督,支持公权力大数据监督,促进严格规范公正文明执法。以统一、集成、规范为核心,设计整体架构、梳理业务逻辑、深化数据共享、推进业务协同,基于"一屏两端"构建"行政审批—监管执法—监督评价"的全流程"大执法"闭环。

(五)以行政执法"三项制度"推进严格规范公正文明执法

一是全面推行行政执法公示制度。强化行政执法事前公开与政府信息公开、权责清单公布、"双随机、一公开"监管等工作。规范行政执法人员在进行监督检查、调查取证、采取强制措施和强制执行、送达执法文书等执法活动时,全程公示执法身份,主动告知当事人执法事由、执法依据、权利义务等内容,并按规定出具行政执法文书。加强执法决定信息公开。二是全面推行执法全过程记录制度。完善文字记录文书格式和规范用语,规范文明开展音像记录,严格记录归档,并发挥全过程记录资料在解决行政争议中的重要作用。

---

[1] 赵云辉等:《大数据发展、制度环境与政府治理效率》,《管理世界》2019年第11期。

三是全面推行重大执法决定法制审核制度。明确具体负责本机关重大执法决定法制审核的工作机构和人员，明确审核事项标准范围，明确审核内容，明确法制审核的方式、程序、时限等。

第四节　基层党建创新赋能未来乡村共富建设

共同富裕示范区的打造并非单纯的社会发展概念，而是一场平衡区域差异、经济差异的深刻社会变革。对此，习近平总书记反复强调：促进共同富裕，最艰巨最繁重的任务仍然在农村。①所以，提升乡村产业结构、增加农民人均收入、促进乡村治理数字化，是实现共同富裕的题中应有之义。而办好中国的事情，关键在党，实现乡村共同富裕，不仅要在产业、环境、乡风、治理与民主等领域不断创新体制机制，更要牢牢抓住"党建"这个牛鼻子，强健乡村基层党组织，创新党建工作理念与方式方法，发挥其政治领导力、社会号召力、群众组织力，高质量赋能乡村建设，推动实现传统乡村"2.0升级版"，即产业融合发展、城乡融合互动、治理科学智能的未来乡村。由此可见，在新的形势下，以推进全域党建联建建设、基层领雁队伍建强、党群共富联合体建构、数字党建创新，是党建引领乡村振兴，实现共同富裕的必由之路。

一　推进全域党建联建带动共富

推进乡村共同富裕的过程中，乡村基层党组织缺人才、缺资源、缺抓手的"三缺"问题长期阻碍着振兴的进度，而通过共同的利益、需求、目标凝聚力量，打破隔阂的党建联建应运而生。全域党建联建是指以党建为纽带将具备一致利益目标的基层党组织连接起来，打破地域、行业、条块等约束，解决当前党组织作用较弱、党员干

---

① 《习近平谈治国理政》第4卷，外文出版社2022年版，第146页。

部活力较差等问题，真正实现"先富带后富、先进带后进、强村帮弱村"的目标。根据全省实践，当前全域党建联建主要有三种模式。一是侧重区域合作，强调村村联合、资源整合的区域党建联建；二是侧重产业合作，强调将党组织建在产业链上，以党建推进生产力的提高；三是侧重政企合作，强调对政府优势的转化，支撑企业工作机制创新。这些模式的共同点是解决党建主体、区域整合、资源共享、智慧治理等问题，从而走出一条乡村共同富裕新道路。

（一）传承式发展推动党建主体培育

近些年，部分省份所推行的"双强双带"模式，对乡村基层党组织干部的培育起到了重要的推动作用，同时也折射出，缺乏强力党组织领头人的乡村极易从高速腾飞转为发展停滞。[1] 可见，党建联建能否成功实现乡村共同富裕，与基层带头人的事业心、责任感、大局观息息相关。为此，一方面，党建联建以"干事创业、抱团互助"为原则，通过"书记带书记、组织带组织"的方式，为不同类型乡村厘清发展思路，找准发展方向，成为"强村富民"的行家里手。另一方面，多举措推进不同乡村书记交流学习。例如，建立党建联席会议制度，不定期召开联盟内书记碰头会、协调会，共谋区域发展规划、共计区域发展要务，持续强化联盟抱团意识、增强各村内生动力。对部分较为优秀的乡村推行"师徒结对"模式，如宁波市奉化区滕头村，创设滕头乡村振兴学院，将村委书记作为师傅，以课堂、实践、实训三位一体方式，教授一批批村干部"治村、富村、强村"[2] 经验。真正践行了"强村带弱村"，片区组团式发展原则。

（二）全方位区域整合打破行政壁垒

全域党建联建的创新要素，浙江省之所以通过全域党建联席会议

---

[1] 黄鹏进：《党建联盟引领乡村共同富裕的实践逻辑》，《杭州》2021年第20期。
[2] 奉祖轩：《"五联五促"推动区域共同富裕 奉化区"桃李芬芳·康美常青"党建联建的探索与实践》，《宁波通讯》2022年第13期。

赋能未来乡村建设,原因在于全域党建联建有效构建了党建资源跨行业、跨层级、跨地域的全速流通格局。具体而言,一是"全"在规划布局全局性。全域党建联建坚持系统思维、顶层设计,综合考量全域党组结构、人员梯队、产业潜力、发展方向,从而"量体裁衣式"制定联盟发展规划,尤其针对各乡村的路网铺设规划、产业链配合程度等。例如,杭州市淳安县下姜村,通过统合周围25个行政村,以村入股的形式打破行政壁垒,建立下姜振兴发展有限公司,以职业经理人专业化打理运营,制定年度发展战略,并逐一细化至不同村落,实现区域差异化发展、整体化提升。

二是"全"在产业链全覆盖。全域党建联建的一大优势在于能够有效避免单打独斗,将各方力量"拧成一股绳",将组织优势转为治理优势。例如,宁波市宁海县的香榧产业党建联建,整合产业链上下游,从种子、化肥等基础企业,到物流、电商等终端企业,以党建联席会议的形式,形成生产有资金、销售有渠道的全要素流通产业链条[①]。

三是"全"在资源共享全互通。党建联建的活力在于联盟内各方主体的资源的整合互通,其有效支撑起联盟的扩大与发展。一方面,各项资金的整合互通是推动各乡村快速发展的推进剂,尤其以党建联合名义共同申报的项目资金申请机制,有效确保专项资金的发放与使用。此外,以党建为引领,引导金融企业、民间资本投向联盟发展项目,进一步拓宽经费保障渠道。另一方面,土地是乡村共富的最大资本,如何撬动这一资源是共同富裕建设极端重要的问题之一。例如,宁波市奉化区通过创新农村承包地经营权的流转模式,引导土地富裕村整片流转,便于统一整理、统一规划,盘活存量、提高增量,以规模化提升经营利润,拓展联盟发展深度。

(三)数字化改革促进党建水平提升

当前,数字化改革已经成为发展的新动能,尤其是"未来乡村"

---

① 邵冬:《宁海:党建联建促发展》,《宁波通讯》2019年第1期。

建设、党建水平提升急需数字技术来破题。具体而言，一是建立数字化平台，借鉴城市智慧大脑建设经验，打破村落之间信息隔阂，互通数据信息，形成统一化政务信息交流平台，以此推动党建联建运行机制迭代升级，进一步向纵深发展。例如，温州市泽雅镇通过打造"智治大脑"，向乡村治理注入"智能基因"，借助大数据应用组件，实现数据信息实时研判、智能分析，及时向联盟内全体书记、干部、党员推送党建信息、产业发展信息，进而实现共同富裕建设的精细化、专业化。

二是创新数字应用场景，聚焦党建联建实践过程中的难点堵点，切实解决群众"急难愁盼"问题，推动数字化治理、数字化党建、数字化乡村文化建设等，实现数字应用开发与党建流程再造相结合，着力打造美好乡村。例如，温州市泽雅镇在党建联建结构基础上，推出"党员顺风车""智慧电表""3D地图"等功能，有效解决村落交通不便、独居老人检测、村落安全等问题。

三是以标准化建设带动科学化管理。对于数据而言，互联互通的基础是标准化、格式化。因此标准化的格式是数字党建联建的必由之路，即以标准化理念为指导、差异化定位为原则，为各村落建立标准化的数据目录、归集、共享以及安全体系，真正打破村落信息孤岛局限。

二 建强基层领雁队伍带领共富

乡村共同富裕建设与乡村基层党组织存在天然联络性，但如何通过社会支持系统建构起两者实际的关键融合，形成社会嵌入，需要乡村各个系统的参与支持，[①] 尤其是基层领雁队伍的支撑与驱动。然而，乡村空心化造成的人力资源短缺使"组织找人、人找组织双向困难"[②]，相应的政治执行力、政治领悟力逐渐弱化，基层党组织的

---

① 李敏：《农村基层党组织要发挥好"头雁效应"》，《人民论坛》2020年第27期。
② 王华：《从六个方面提升基层党组织组织力》，《中国党政干部论坛》2018年第3期。

"头雁效应"难以发挥。① 因此,抓好领雁队伍,将其作为乡村发展第一责任人,推动其切实扛起振兴重任,破解队伍数量少、人心散、能力弱等问题,是汇聚发展力量、释放发展动能,打造发展成果的题中应有之义。具体而言,要从人员选配、创新培训、发挥"三带"作用等方面展开。

(一) 强化人员梯队,点燃"强引擎"

受激励制度、资金保障、责任下发等因素限制,各乡村基层党组织人员梯队基本存在年龄结构不平衡、学历素养不充分等问题。② 对此,必须强化人员梯队,多渠道多举措并行,切实增强"造血"能力,点燃共同富裕的"驱动引擎"。一方面采取引进方式,通过推行能力专业化,以县为单位,借助"三支一扶"、选拔任职、高薪聘请等方式,吸纳优秀毕业生、乡村致富带头人等人选进村"两委"班子。另一方面采用自我培养方式,根据党建联建发展方向,定向培育发展与治理中的紧缺人才,形成"留得住、回得来"的培养机制,填补发展空白。此外,在日常治理中,应激发党员干部活力,利用乡贤效应、熟人效应,挖掘乡土人才,建立乡土人才动态管理数据库,配套设立选任机制,激活农村共富动力源。例如,宁波市奉化区推行区域项目联促、矛盾联调机制,各村分别推举受人尊敬的"老娘舅"作为政策宣贯员、矛盾调解员,有效确保乡村共富项目推行有序、村落资源合理共享。

(二) 多渠道培训提升,全面提升干部素质

高质量建设共同富裕示范区,需要持续强化党组织引领能力,尤其通过多元化渠道提升党员干部综合素质。党员干部作为建设的主体力量,需要专业化的培训平台给予磨砺、成长,包括常规化的"三会一课"、组织生活、党日活动等,持续强化干部思想觉悟。更

---

① 李敏:《发挥农村基层党组织"头雁效应"的机理、困境和路径》,《山东农业工程学院学报》2020年第9期。
② 《释放"头雁效应"促进乡村振兴》,《唯实》2020年第12期。

重要的是创新学习交流平台，打造"比学赶超"良好氛围。例如，嘉兴市秀洲区依托"五镇十佳"党群共富联合体，通过擂台赛的方式，搭建起"领雁论坛"。通过该平台，不同发展方向的基层党组织书记结合区域特色和村落实际，直切乡村发展痛点，不仅包括乡村治理过程中拆迁改造、邻里关系等传统项目，还包括特色产业、农村文旅、数字大脑等乡村共富发展新路径。只要有创新、有成效，便能上台路演，从而形成一条以论代训、查漏补缺的培训提升新道路。

（三）全面整合队伍结构，多方合力发挥"三带作用"

成熟的人员梯队、畅通的培训渠道、创新的发展平台，根本目标在于赋能乡村振兴，促进乡村共富。所以，如何全面发挥党员先锋模范作用、扩大致富人的示范效应，成为乡村共富的"最后一公里"。对此，浙江省以全面实施"红色根脉强基工程"为抓手，组织推行带头致富、带领创富、带动共富的"三带行动"，成功实现乡村高质量发展。具体而言，一方面抓好党员队伍建设，以党员模范传递发展模式。例如，宁波市奉化区推行村委干部带头示范，不同村委委员发展差异化项目，包括种植业、物流业、贸易业以及电子商务等，从而以自身实践向村民传授"致富经验"。另一方面着重培养乡村致富人，围绕其产业展开配套小微经济，如针对预制菜加工企业，围绕直播销售、上游养殖业、下游餐饮业等，以点带线，以线促面，纵横交错，最终织出共同富裕示范区的大网。

三 构建党群共富联合体组团共富

习近平总书记指出，产业兴旺是解决农村一切问题的前提。[①] 当前，受制于资源要素禀赋的限制，大量农村仅靠单村发展或简单抱团难以在产业链中获得话语权，更难以真正突破产业瓶颈。实践证

---

① 《习近平关于"三农"工作论述摘编》，中央文献出版社2019年版，第22页。

明，破局关键在于抓好抓牢乡村"全产业链"发展和党建高质量指引两大发力点，即打造党建联建的升级版——党群共富联合体。联合体是指在既有党建联建的基础上，创新工作机制，进一步吸纳产业型党建联建、行业协会、农合联党委等，并从中抽调精英骨干，组成讲师团、创业指导团、金融帮扶团、法律顾问团等，对各党建联建发展过程中的难点痛点实行点对点指导、精准化帮扶。真正实现党建与产业的深度衔接，乡村共富与乡村振兴同频共振。① 具体而言，党群共富联合体通过创新打造命运共同体、吸收村贤结对、党建带群建等举措，有效推动乡村共富取得标志性成果。

（一）营造乡村和谐友善氛围，打造联盟命运共同体

新制度主义认为，组织采取某一项政策的原因不只是效率因素，也可能是出于制度环境中的合法性需要。② 因此，在乡村产业升级过程中，不仅要考虑市场效率，更要兼顾组织的合法性逻辑，才能保证党建联建机制运行流畅，行业、协会等组织成为命运共同体，实现可持续化的共同富裕。一方面，鼓励探索产业振兴型共同体，将支部建在产业链上、制度融入产业链内，依托市场化竞争机制，激发乡村活力。例如，桐乡市乌镇多个企业依托党建联建组建集体化企业，以企业招投标方式融入市场环境，承接市政项目，有效推动乡村经济发展。另一方面，习近平总书记强调，乡村振兴离不开和谐稳定的社会环境。③ 因此集体化企业的目标不仅是赚取利润，更要依托自身打造共治平台，构建利益联结机制，将发展成果分享至每个人。例如，嘉善县横港村利用集体资金给全村居民免费安装数字机顶盒、购买商业意外保险、大病无忧保险等。

---

① 《嘉善县启动"一体多联、六团帮带"党群共富联合体建设工作》，2022年7月14日，2022年7月4日，浙江省农业农村厅网站，http://nynct.zj.gov.cn/art/2022/7/4/art_1630314_58942630.html，最后访问时间：2022年9月8日。

② [美]约翰·迈耶、布利安·罗恩：《制度化的组织：作为神话与仪式的正式结构》，载[美]鲍威尔、迪马吉奥主编《组织分析中的新制度主义》，上海人民出版社2008年版。

③ 习近平：《论坚持全面深化改革》，中央文献出版社2018年版，第407页。

(二) 创新发挥村贤作用,提高公共资源整合效率

党群共富联合体的一大作用在于解决"公共池塘资源的治理",其弱排他性与强竞争性的特点使资源占有者容易获得经济效益。① 例如,浦江县辖区内的袅溪村、毛家村、墈山村三个村落共用一条溪流,上下游的地理位置极易引发纠纷摩擦,甚至存在纠纷失败后破坏水源的情况。为此,依靠村贤权威,汇聚集体资源,自主优化分配方式的治理模式应运而生。在乡村社会中,关系型社会资本起到重要桥梁作用,有效整合了社会规范、信任网络②。新时代的"村贤",拥有着丰富的知识、技术、资本,进而也汇集了更多关系资源,依靠其权威,能较好地在关键环节起到助推作用③。这三个村落依托各村"村贤"相互交流沟通,达成资源共建共享的决议,创立了石斑鱼养殖这一共创项目,从而拥有了共同利益与责任,切实解决资源不均、矛盾易生等问题。

(三) 构造群团建设新格局,党群共建助力乡村振兴

群团工作是党的一项基础化、常态化的工作,是党建重要组成部分。党群共富联合体紧紧抓住群团工作特性,以党建带群建,形成"群策群力"促共富的群团新格局。一方面,群团通过找准自身定位,结合实际情形,通过创新培育、人才培养、就业指导等工作激发人民内生动力,铸就乡村振兴"红色铁军"。例如,妇联立足妇女需要,发挥自身特长,创立女性创业帮扶合作团队,多维度多方向一对一指导女性就业、创业等。社科联则发挥政治素养雄厚特长,调动区域内的有生力量,形成多层次共富宣讲团,指导企业政策、进村传授技术等。另一方面,加强群众联系,强化服务保障,关注

---

① [美] 埃莉诺·奥斯特罗姆:《公共事物的治理之道——集体行动制度的演进》,余逊达、陈旭东译,上海三联书店 2000 年版,第 456 页。
② 唐任伍、孟娜、刘洋:《关系型社会资本:"新乡贤"对乡村振兴战略实施的推动》,《治理现代化研究》2021 年第 1 期。
③ 徐勇、邓大才:《土地股份合作社与集体经济有效实现形式》,中国社会科学出版社 2015 年版,第 156—158 页。

群众需求，让人民真切感受到共同富裕的获得感与满足感是群团工作的另一重点。例如，宁波市打造的"15分钟群团服务圈"，以党建带群建，盘活群团资源，使各群团人员深入基层，服务基层。不仅包括常态化的志愿服务项目，还能根据群众需求实行"点单式"服务。真正在思想上、行动上实现物质、精神双富足。

第三章　共享优质公共服务，答好共同富裕示范区的民生答案

党中央一直高度重视公共服务均等化事业的重要性，将其写入党的十九届五中全会公报，明确基本公共服务均等化是实现共同富裕的重要内容，凸显其在"中国之治"中的独特地位。公共服务均等化建设成效关乎共同富裕实现的广度和深度，进而影响全面建设社会主义现代化国家的进程及成效。党的二十大报告进一步指出，要着力解决好人民群众急难愁盼问题，健全基本公共服务体系，提高公共服务水平，增强均衡性和可及性，扎实推进共同富裕。党的十八大以来，以习近平同志为核心的党中央高度重视推进基本公共服务均等化，先后颁发了《国家基本公共服务体系"十二五"规划》《"十三五"推进基本公共服务均等化规划》《"十四五"公共服务规划》等一系列政策文件，形成了具有中国特色的民生保障制度体系。进入新发展阶段，公共服务均等化继续秉持"普惠性、兜底性、保基本、均等化、可持续"原则方向，政策思路和深化方向都进一步回应了新的时代诉求。

"基本公共服务均等化"是指全体公民都能公平可及地获得基本均等的基本公共服务，其核心是促进机会均等，重点是保障人民群众得到享受基本公共服务的机会，而不是简单的平均化①。2021年3

---

① 《国务院关于印发"十三五"推进基本公共服务均等化规划的通知》，2017年3月1日，中国政府网，http：//www.gov.cn/zhengce/content/2017-03/01/content_5172013.htm，最后访问时间：2022年3月15日。

月，国家发展和改革委员会联合 20 个部门印发的《国家基本公共服务标准（2021 年版）》对基本公共服务分类标准做了明确，主要涵盖幼有所育、学有所教、劳有所得、病有所医、老有所养、住有所居、弱有所扶、优军服务保障和文体服务保障九个方面。2021 年年底，国务院正式批复《"十四五"公共服务规划》，强调要科学合理界定基本公共服务与非基本公共服务范围，将持续推进公共服务均等化作为推动全体人民共同富裕迈出坚实步伐的重要抓手。

高质量发展建设共同富裕示范区，是以习近平同志为核心的党中央在建党百年之际赋予浙江的光荣使命，为新发展阶段浙江的高质量发展、竞争力提升和现代化先行注入了强劲动力。作为全国共同富裕建设示范区，浙江省的先行探索具有全国标杆和先行示范的探路先锋意义。为尽快形成更多可复制可推广的标志性成果，浙江省聚焦缩小地区差距、缩小城乡差距、缩小收入差距、公共服务优质共享、打造精神文明高地、建设共同富裕现代化基本单元六大领域选取了首批 28 个试点地区，其中富阳区是杭州市入选公共服务优质共享领域的区。在公共服务优质均等化和优质共享方面，富阳区的措施和经验等为我们提供了观察浙江打造共同富裕的路径。

第一节 共享优质公共服务是实现共同富裕的现实需求

衡量共同富裕最重要的两个方面，一是收入分配状况，二是基本公共服务均等化程度（反映的是生活品质）。基本公共服务主要是政府责任，由各级政府直接实施。由此形成的基本公共服务制度是普惠性的民生制度，不仅有利于保障基本民生，改善人们的生活品质，也有利于增强人的发展能力，普惠性人力资本投资、基本公共教育、基本医疗卫生服务、公共就业服务等都具有这一功能。因此，基本公共服务均等化不仅能改善人们当前的生活质量，还有利于为未来缩小收入差距奠定基础，兼具短期效应和长期效应，是推动共同富裕的较好着力点。但现阶段我们在促进基本公共服务均等化方面仍面临着一些挑战。

一 基本公共服务供给存在明显短板

在老龄化快速发展、家庭功能弱化的背景下，"一老一小"领域的公共服务供给明显不足。当前养老服务发展总体滞后，面向失能老人的护理型养老机构严重短缺，社区、居家养老服务供给不足或供需不匹配，养老服务的公共筹资机制还未建立，农村养老服务体系建设尚未破题。学前教育资源尤其是3岁以下婴幼儿托育服务供给严重不足。

二 基本公共服务的城乡、区域差距仍然较大

城乡、区域间公共服务资源配置不均衡、服务水平差异较大问题仍然比较突出。例如在医疗卫生领域，2019年全国城、乡每千人口卫生技术人员数分别为11.1人、5.0人，城市是农村的2.2倍。除城乡、区域差距外，以户籍作为社会救助、住房保障等基本公共服务享有条件的制度安排仍未彻底打破，流动人口基本公共服务同等的享有权尚未完全实现，在超大、特大城市问题更加突出。

三 面临人口老龄化、新型城镇化挑战

随着人口老龄化不断深化，新型城镇化的持续推进，给基本公共服务的供给结构、资源布局、服务成本等带来较大挑战。老龄化、少子化必然带来对教育服务的需求相对缩减，对养老服务和医疗服务的需求持续增长，对公共服务的投入和供给结构提出了新要求；随着老年人口的增多，公共就业服务、医疗服务、公共文化和体育服务、社会救助等基本公共服务都需要更多考虑老年人的需求特点；随着抚养比的上升，养老、医疗的支出压力将会持续加大，基本养老保险、医疗保险的财务可持续性面临较大挑战。

城镇化和人口流动对公共服务的资源布局和服务成本产生了较大影响。随着农村人口持续向城市流动,农村人口密度下降,农村义务教育和基本医疗卫生服务成本上升,稳定教师医生队伍、保证农村公共服务质量的难度越来越大。在人口流入较多的城镇地区,一定时期内则会出现公共服务的供给不足。

第二节　共享优质公共服务是实现共同富裕的重要内容

为应对公共服务均等化方面存在的问题,破解发展中存在的制约共同富裕的共性问题,富阳区坚决落实省、市决策部署,坚持办实事惠民生,以均等化为主线,加大公共服务供给,持续提升群众福祉,形成了新劳动教育、医养结合、就业创业服务、外来务工人员住房保障等一批亮点工作和经验成效,在全生命周期公共服务优质共享先行先试上积累了较好的基础和优势。

一　教育公共服务体系健全,新劳动教育模式全国首创

稳妥推进3岁以下婴幼儿照护服务,建成以政府为主导的学前教育保障机制,"十三五"期间新建中小学幼儿园34所,试点前的2020年,每千人拥有3岁以下婴幼儿托位数2.1个,幼儿在公办幼儿园就读率近63%,接受普惠性学前教育服务率达90%。创新义务教育名校集团化办学模式和路径机制,成功创建省"互联网+义务教育"试验区和"浙江省教育基本现代化区"。全国首创新劳动教育模式,形成"1+N+X"新劳动教育模式,入选全国中小学劳动教育实验区,成为国家级职业教育和成人教育示范区。

二　就业创业服务力度大,职业技能服务特色突出

深化就业优先战略,各项援企稳岗、就业帮扶政策全面落实,出

台实施新时期人才政策和新富阳人安居乐业十五条（实行同城同待遇），创新推出"工伤一件事"改革，逐步形成统筹城乡发展的就业服务和职业技能提升服务体系。2020年，实现城镇新增就业29665人，城镇登记失业率控制在2.42%，被省政府授予落实鼓励和支持就业创业政策力度大、提高就业创业服务水平成效明显的县（市、区）称号，打造"乐业富阳"金名片取得明显成效。

三 各类医疗服务资源丰富，居民主要健康指标居省市前列

全区拥有6家区属医院、25家社区卫生服务中心、510家医疗机构，引进省中医院、省人民医院富阳院区，省市区三级医疗资源全覆盖。中医骨伤治疗特色明显，与浙江中医药大学共建富阳中医骨伤医院，张氏骨伤疗法被评为第三批国家非物质文化遗产。成功创建国家慢性病综合防控示范区，首批国家级青春健康教育示范基地，首创家庭医生移动诊疗平台和"先看病后付费"新诊疗模式。2020年医保参保率99.8%，人均预期寿命达83.5岁，位居省市前列。

四 居民住房保障体系完备，蓝领公寓经验模式获全国推广

构建多层次保障性住房体系，多措并举增加公租房保障，大力推进公租房、人才租赁房集中配建项目，蓝领公寓建设首次纳入住房保障体系并取得成效，普坤社区蓝领公寓的"住创一体"经验获住建部在全国推广。实施"新富阳人"公租房货币补贴，完成200万平方米老旧小区改造，受益人群覆盖近10万人，4955户农村存量危房得到解危。

五 构建公共养老服务体系，医养结合创新经验作全国典型

全区建成社区级照料中心300家，实现乡镇（街道）全覆盖；老年食堂（助餐点）240家，80%的村社提供老年人就餐服务，示范型居家养老服务中心乡镇（街道）全覆盖。养老服务体系建设获得2020年省政府督查激励，医养结合模式作为全国典型经验推广，全

区护理型床位占 27.2%，老年健康促进行动被列为省级试点。完成 220 户困难老人家庭适老化改造，率先在全国利用非接触感知技术实现空巢老人安防瞬时感应救援、试点独居老人意外 10 分钟救援。

六 社会兜底服务体系健全，数字赋能社会救助模式独具特色

基本构建分层分类社会救助体系，逐步建立"年、月、时"长效动态救助机制，低保、低边、特困家庭实现应保尽保，基本生活保障标准城乡统筹一体，每年按不低于杭州市上年度城镇常住居民人均消费支出的 30%、50%同步调整，兜底保障标准水平不断提高。支出型贫困认定办法和渐退制度优化，进一步降低社会救助准入门槛和完善退出机制。困难群众救助"一件事"列入全省数字化改革试点，建成全省首个"无碍智图"（"城市无障碍环境一张图"）场景应用。特殊群体保障更加有力，实现基础性儿童之家全覆盖，示范型儿童之家覆盖 60%以上乡镇（街道）。建成综合型慈善基地 1 个，开办全市首家"慈善药房"。

试点前的 2020 年，富阳民生财政支出占一般公共预算支出 79%；城镇和农村居民人均可支配收入分别达 63302 元和 38089 元；城乡居民收入倍差 1.662，均低于省市平均水平；被评为中国最具幸福感城区和浙江省新时代美丽乡村示范区。这些良好的基础和探索，为破解公共服务均等化方面存在的问题，为富阳公共服务优质共享试点工作奠定了良好的基础。

第三节 促进公共服务优质共享、答好共同富裕民生问卷的"富阳实践"

一 加强组织领导，强化政策保障

坚持把党的领导贯穿推动共同富裕的全过程、各领域、各环节。

充分发挥富阳区高质量发展建设共同富裕示范区星城范例领导小组作用，设立共富试点工作专项组，负责试点工作的统筹协调、督促指导、整体推进工作。围绕试点过程中的重点难点，建立健全项目化、清单化推进机制，压实工作责任和部门分工，推动重点任务措施有效落实，形成系统集成、精准施策、一抓到底的工作体系。

紧扣共同富裕导向，围绕试点领域，推动各项政策制度系统性创新。各相关职能部门加紧与上级部门衔接，聚焦善育、优学、工匠、健康、养老、众扶等重点难点领域，强化政策顶层设计，加大政策创新，研究制定若干配套支持政策。鼓励各部门先行先试，主动承担全国、省市改革试点、探索示范任务，率先形成突破性、创新性制度成果。

建立督查考评机制，创新督查方式，定期组织试点督查，加大督查落实力度，完善问题反馈整改机制，确保各项任务有效落实与推进。建立健全科学化、体系化试点监测评估机制、动态调整修订机制，出台相关考核办法，将有关目标要求纳入党政领导班子综合考评和领导干部绩效考核。鼓励多方参与评估和第三方评估，开展定期监测评估。

二 明确试点目标，分步分类推进

紧扣推动共同富裕和促进人的全面发展，锚定人民群众日益增长的美好生活需要目标，聚焦群众最关心、最期盼、最有获得感的领域，强化均等、普惠、便捷、可持续理念，深层次解决发展不平衡不充分问题，以数字赋能、制度创新为动力，率先在推动全人群全生命周期公共服务优质共享上先行示范，率先在打造"七优享"金名片上形成四大可复制可推广标志性成果，建设集生活富裕与生命阳光于一体的美好家园，全面展现现代版富春山居图原创地和实景地的幸福图景，为全省高质量发展建设共同富裕示范区提供共建共享品质生活的典型范例。到2023年，覆盖全人群、全生命周期的公共服务优质共享体系全方位构建，全民受教育程度不断提高，婴幼儿照护服务体系更加完善，医养康养深度融合的"大社区养老"新格局基本成型，多元化住房保障体系更加完善，县域医共体体制更加成熟，居民主要健康指标居省市前列，"四大范例"标志性成果全面彰显，形成一批可复制可推广系列经验，呈现一幅生活富裕、生命阳光的美好生活画卷。

具体围绕人的全生命周期公共服务优质共享，聚焦浙江所需、富阳所能、群众所盼、未来所向，率先在"浙里优学""浙里长寿""浙里安居""浙有众扶"金名片上形成四大典型性、代表性和可复制推广的标志性成果，成为打响共同富裕示范区"七优享"金名片的典型范例。打造美好教育共同体富阳范例，让每一个适龄孩子享有公平而有质量的公共教育服务，在"学有优教"上率先突破；打造全龄友好型社会富阳范例，让每一位"一老一小"享受温暖有保障的健康照护服务，在"幼有善育""老有颐养"上率先突破；打造全民安居乐业富阳范例，让每一个富阳人拥有同样的勤劳致富和住有所居机会，在"劳有实得""住有安居"上率先突破；打造社会救助联合体富阳范例，让每一个困难群众得到温暖关怀与及时救助，在"弱有众扶"上率先突破。

三 围绕民生福祉，突出重点先行示范探索

紧扣试点行动目标，以数字赋能"一件事"集成改革为突破，公共服务"七优享"金名片先行示范，重点开展"7+1"工作任务举措，扬长补短、提质扩面，全方位推动人群、地区、城乡之间公共服务优质共享。

（一）构建育儿友好型社会，在打造"浙有善育"名片上先行示范

积极完善生育保障政策。落实一对夫妻可以生育三个子女配套支持政策，探索建立生育成本共担机制，加强生育妇女就业、工资待

遇等权利保障。开展省级"优生优育进万家"项目，全力推进省级规范化公共场所母婴设施建设，推进"三优"指导中心全覆盖。

加强婴幼儿照护服务体系建设。开展婴幼儿家庭养育照护支持工程，制定社区、家庭婴幼儿照护服务指南，建立婴幼儿照护运行机制和政策保障。开展幼托一体化服务试点，支持有条件幼儿园开设两周岁以上托班，探索与科职院建立婴幼儿照护服务"校—地"新合作模式，健全托育机构建设标准、管理规范和综合监管体系。积极落实"城镇托幼全覆盖、乡村托幼一体化"总体布局，实现普惠型托育服务乡镇（街道）全覆盖。

创建学前教育普及普惠区。优化幼儿园布局，实施住宅小区配套幼儿园和农村幼儿园工程，建设公办幼儿园或公办中心幼儿园分园教学点，基本满足适龄幼儿就近入园需求。稳妥推进各类产业园区开展嵌入式幼儿园建设试点。

（二）打造美好教育新高地，在打造"浙里优学"名片上先行示范

加快建设美好教育共同体。推进新名校集团化，创新"名校+新建学校（普通学校）"模式，推进跨区域跨层级紧密型名校集团化办学，积极引进杭州、上海等地名校教育集团。深化新时代城乡教共体建设，创新办学模式和运行机制，推动协作型转向融合型、共建型，创建全国义务教育优质均衡区，实现城乡学校办学水平基本达到同一质量水平。

推进高中段普职协调特色发展。配合做好全市逐步扩大市属优质普通高中与城区优质普通高中双向等额招生规模工作。推进职普融通，建立初中、普通高中、职业院校之间教育资源共享机制。加强职业教育实训基地建设，建立产教融合型企业认证制度。

扩大优质教师队伍资源。实施名师名校长培养"521"三年行动计划，建立中小学教师梯队培训体系。探索建立名优教师引进机制，支持优秀骨干教师在富阳学校组建名师工作室，建立不少于53个省

市区级各类名师工作室。

加大新时代教育模式创新。推进"教育大脑+智慧学校"建设，开展人工智能助推教师队伍建设试点，迭代升级"互联网+义务教育"模式，构建未来教育场景。加快建设全国中小学劳动教育实验区，加快建设阳陂湖和新桐两个大型劳动教育基地，打造"新劳动教育"实践体验点 34 个。推行流动人口随迁子女居住证积分入学制度。创新规范校外培训机构，打响"安心入学、安心培训、安心托管、安心收费、安心资助、安心健体、安心家校"的"七安"服务品牌。

（三）加强全生命周期健康服务，在打造"浙里健康"名片上先行示范

扩大优质医疗服务覆盖面。深入实施"名医名科名院"工程，推进省中医院和省人民医院富阳院区建设，支持市属医院和区属医院成立一体化医院集团，力争创建综合性三甲医院。开展"医学高峰"计划，做优做强省、市、区三级医学重点学科，新增市级重点学科十个以上。做深做实县域医共体，实现基层就诊率达到 70% 以上，县域就诊率达到 90% 以上。加快提升乡镇（街道）社区卫生服务中心服务能级，优化村社医疗服务站点布局，保障农民享受家门口的优质医疗卫生服务。

全面推进健康富阳建设行动计划。创新医防协同机制，健全重大疫情防治体系，建立分级、分层、分流的应急医疗救治体系，构建疾病预防控制体系，建立公共卫生应急管理大数据平台。实施中医药服务能力提升工程，实施进一步擦亮富阳骨伤金名片三年行动计划，加快完善"15 分钟中医服务圈"，擦亮"富阳骨伤"金名片。

创建全国健康促进区。深化"健康大脑+智慧医疗"建设，持续完善"舒心就医+暖心医保"服务平台，率先落地健康多跨场景应用，推进医学检查检验结果互认共享，打造区域检验检查"互通、互认、互信"数智医改全省样板。巩固国家级慢性病防控示范区创

建成果,家庭医生签约十类重点人群覆盖率保持70%以上,重大慢性病过早死亡率降至8.5%以下。大力推广实施商业补充医疗保险,不断完善多层次医疗保障体系。

(四)构建幸福养老服务体系,在打造"浙里长寿"名片上先行示范

加强养老服务机构建设。加快推进公建民营,鼓励社会资本优先发展医养型、护理型养老机构,建成两家高标准、示范型公办养老机构。建设失智症照护专区,每万老年人拥有养老机构认知障碍床位达到十二张。通过撤并或新建区域性敬老院,提升农村养老照护能力。

推动医养康养深度融合。加快形成原居安养、综合照护、机构赋能相融合体系,推动嵌入式养老机构与社区卫生服务机构同址或相邻设置,支持医院与养老机构开展紧密型合作,探索发展互联网远程医疗及照护支持服务,培育六个康养联合体。开展养老护理员职业技能提升行动,实现新进人员岗前技能培训率达100%。探索建立长期护理保险制度。

建设老年友好型社区。支持家庭承担养老功能,建设家庭养老照护床位,创新探索家庭养老支持政策。创新"互联网+配送餐"模式,确保覆盖率达80%以上。建立养老顾问制度,建立居家社区探访制度,实现老年群体探访率达到100%。拓展"空巢老人安全守护系统"应用。将政府兜底保障老年人纳入服务范围,为困难家庭失能老人提供低偿托养服务。探索"时间银行""物业+养老服务"等为老服务公益品牌项目。

(五)构建多元化住房保障体系,在打造"浙里安居"名片上先行示范

加大住房保障力度。开展富阳区特定区域差异化购房试点,推动职住平衡,到2023年,每年新增商品住房稳定在1.3万套。大力实施一批公租房、人才租赁住房和蓝领公寓项目,新增筹建公租房

1600 套以上，建成 5000 套以上保障性租赁住房（人才专项租赁住房），确保房源全面覆盖"新富阳人"、新就业大学毕业生、中低收入困难家庭、住房困难家庭等群体。稳步推进职住平衡、共有产权房、自建租赁房试点，开展集体土地保障性租赁住房建设试点，建设 1500 套共有产权住房，有效改善新市民、青年人等群体住房困难问题。建立"居者有其屋"长效机制，重点保障低保低边、特困特岗住房困难家庭。探索推动租购住房在享受公共服务上具有同等权利。

进一步提高住房品质。有序推进城中村、老旧小区改造，加快建设安置房。创建未来社区，通过拆改结合试点，实现周边服务设施、公共空间、公共资源的共建共享。探索农村"民建公助"公寓化建设管理体制，多途径化解农村建房难，进一步打通农村公寓化办理不动产权证"最后一公里"。积极推广"浙派民居""杭派民居"建设，引导提升农房建设品质，打造各具特色的美丽乡村聚落。

（六）提供更有温度兜底保障服务，在打造"浙有众扶"名片上先行示范

加快建设新时代社会救助体系。依托统一的浙江省大救助信息系统，加快建立健全以基本生活救助、专项社会救助、急难社会救助为主体，社会力量参与为补充的分层分类的救助制度体系。进一步扩大社会救助覆盖面，建立健全分层分类救助制度体系，实现低保对象应保尽保。建立健全医疗困难人员触底响应机制，筑牢"因病返贫"医保防线。构建精准救助协同机制。聚焦医疗、教育、住房、就业、灾害等重点，强化托底政策，统筹救助资源，建立完善的监测预警、主动发现和自动匹配机制。加强社会救助政策与乡村振兴、养老等政策制度和补充性医疗保险、慈善救助的有机衔接。

提高困难群众帮扶水平。深化困难群众救助"一件事"集成联办改革，开展社会救助服务联合体创建行动，构建覆盖全域、"线上+线下"一体的社会救助网络。推进社会救助从物质型向"物质+

服务"救助转型。落实人文关怀和社会救助幸福清单全覆盖行动计划。实施《杭州市富阳区探访关爱制度》，分层次、分类别开展困难群众定期探访慰问关爱。实行向善行善"益共体"计划。构建"线上+线下"慈善综合服务体系，开展富阳区公益慈善资源大数据平台项目，建立慈善救助基金，打造"益共体"，建成一个以上综合性慈善基地。

（七）大力培育"富春名城工匠"，在打造"浙派工匠"名片上先行示范

多层次引进培育技能人才。实施职工素质提升工程，开展"技能富阳"五年行动计划，建立健全职业技能政策体系，壮大高技能人才队伍。健全终身职业技能培训制度，面对务工人员、失业人员、农村转移劳动力等群体，开展符合富阳产业转型发展所需的实用职业技能培训，加强"再就业"培训，提高劳动者适应技术变革和产业转型能力。到2023年，开展职业技能培训4万人次以上，新增高技能人才7000人。

加大就业创业服务力度。完善就业创业扶持政策和就业援助机制，建立人员帮扶和岗位需求两张清单，实现就业服务提质扩面、精准帮扶。深化"数字就业"公共服务体系，加大"就业超市"应用场景推广应用，精准匹配企业岗位和求职信息，实现供求两端动态平衡，推动实现更高质量更加充分就业。

完善技能人才评价体系。推进等级认定试点，引导建立符合社会通用要求和企业个性需求的技能人才评价机制，提升技能专业与产业发展契合度。创新技能人才培养、评价、使用、激励机制，畅通产业工人提升学历、提高技能的成长成才通道，积极推进职业技能等级与职称互通。

（八）聚焦"关键小事""人生一件事"，形成具有富阳特色的数字化公共服务模式

打造"可感知、会思考、有温度"的数字社会。以"城市大脑"

建设为关键支撑，进一步推进全区跨部门数据共享、流程再造、业务协同，实现数字社会各领域应用场景跨部门协同综合集成、卡码融合，强化数字社会各领域运营服务，加快推进社会事业公共服务"一体化""智慧化""人本化"。

分类推进多跨应用场景建设。围绕十二大社会事业领域应用场景和三大综合应用场景，推进数字教育、数字健康、数字养老、数字出行等建设，构建一体化"互联网+教育"大平台、推进"健康大脑+智慧医疗"服务改革、推广"互联网+健康"养老服务新模式、构建区域"就业超市"精准招聘的数字化平台等，积极推广数字图书馆、数字文化馆等，实现全区数字公共文化资源无差别、无门槛服务。

深化推进"人生一件事"智能速办。围绕"人的全生命周期服务"，聚焦事关群众切身利益的"关键小事"，加快推进即办快办，实现一表申请、一网运行、一站办理；健全"人生档案"，推出一批紧贴民生、多跨协同的"一件事"，完善公民个人"一生一档案、一档用一生"；推进制度重塑，建立群众办事"一条龙"机制、系统实时"双告知"机制和数据安全"三保险"机制，保障"关键小事"全面推进。

第四节　促进公共服务优质共享、答好共同富裕民生问卷的试点经验

富阳区作为浙江高质量发展建设共同富裕示范区首批试点，聚焦公共服务优质共享领域先行先试。富阳区的试点既有基于自身基础和禀赋的特殊性，也有反映浙江省域共富探索的一般性规律，其探索的经验能够为其他地方建设共同富裕提供借鉴。

首先，要找准民意需求最大公约数，厘清公共服务清单。共同富裕美好社会是人的全生命周期公共服务优质共享的社会形态，其底

层逻辑在于"江山就是人民,人民就是江山"的人民逻辑,不断增强人民群众的获得感、幸福感、安全感,不断激发人民群众的积极性、主动性、创造性,在公共服务的优质共享中不断推进生产发展与社会进步。在幼有所育、学有所教、劳有所得、病有所医、老有所养、住有所居、弱有所扶上持续取得新进展,让人民群众能公平地共享改革发展的制度成果和实践成果。富阳区在公共服务优质共享的试点工作中,始终聚焦人的全面发展和民生福祉,按照从基本到特定到具有富阳特点的逻辑顺序,率先在善育、优学、健康、养老等基本公共服务领域进行改革,然后从点到线扩面,进一步推动全人群全生命周期公共服务优质共享的先行示范,在打造"七优享"金名片上形成了具有富阳特色的四大可复制可推广的标志性成果。

其次,要发挥党政统筹的引领作用,画好一张路线图。发挥好党委政府在公共资源和公共话题方面的调动和引领作用,保证资源要素始终聚焦在群众所需所盼的领域。实现制度、政策、资源、技术四种要素高效协同,以最小的成本,回应更多的需求,获得最好的收益。要重视共建共治,树立全域全民共建共治共享理念,构建政府、社会、企业、个人各主体之间沟通顺畅、良性互动的关系,推动形成公共议题。富阳区在试点中始终坚持把党的领导贯穿推动共同富裕的全过程、各领域、各环节。设立共富试点工作专项组,建立健全项目化、清单化推进机制,建立督查考评机制,形成一抓到底的工作体系,明确试点目标路径,分步分类有序推进。

最后,要发挥好数字化改革的总抓手作用,提升服务精准度。数字化改革是浙江"最多跑一次"改革和数字政府转型的迭代升级,也是推进公共服务优质共享的重要"利器"。通过进一步细化公共服务供给的颗粒度,用足用好"浙里办"等现有的数字服务平台,真正发挥其赋能公共服务的功能。同时也积极探索建立公共服务统计监测体系,为公共服务的精准投放提供更加全面、科学、实时的依据,进而实现有限的公共资源合理配置,使之可控、可预测。弥合了当前公共服务碎片化状况，按需精准供给与布局，提升协同共享水平，进而为突破区域一体化难题提供了重要技术支撑。另外，以数字化改革为牵引来推动多领域、多部门业务与流程的精准高效协同。协调和重组政府服务、市场服务和志愿服务，打破多部门、多事项断点式业务壁垒，推进多领域系统对接、数据共享、业务协同。树立"全生命周期管理"理念，以"微改造""微治理"为突破口，解决群众的烦心事、操心事、揪心事，实现群众矛盾纠纷化解"最多跑一地"、矛盾纠纷"全链条"解决。推进各级各部门信息系统互联互通，实现跨区域、跨领域、跨部门数据的互联互通和共融共享。富阳区在试点过程中坚持以数据资源局为牵头单位，加强"城市大脑"建设，以《浙江省公共数据条例》地方性法规为依据，统一进行数据归集、调用和安全保护等，复制2020年"人生一件事"改革成功经验，进一步推进全区跨部门数据共享、流程再造、业务协同，实现数字社会各领域应用场景跨部门协同综合集成、加快推进社会事业公共服务"一体化""智慧化""人本化"。

第四章 加强干部队伍建设，坚持共同富裕的骨干引领

习近平总书记反复强调："全面建设社会主义现代化国家，必须有一支政治过硬、适应新时代要求、具备领导现代化建设能力的干部队伍。"适应党和国家事业发展需要，建设堪当民族复兴重任的高素质干部队伍，要坚持党管干部原则，坚持新时代好干部标准，大力加强领导班子和干部队伍建设。聚焦更好激发干部积极性主动性创造性，持续优化选育管用工作，推动干部树立和践行正确政绩观，强化重实干、重实绩的用人导向，大力选拔那些牢固树立正确政绩观，坚持人民至上、为民造福，坚持真抓实干、埋头苦干，做出突出业绩的优秀干部。坚持干部队伍在干中学、学中干，有组织有计划地把干部放到改革发展稳定第一线，放到重大任务重大斗争最前沿，放到艰苦复杂地方和关键吃劲岗位去磨炼，强化干部专业训练和实践锻炼。树立战略眼光，强化责任意识，完善日常发现、跟踪培养、适时使用、从严管理的常态化工作机制，源源不断培养造就堪当民族复兴重任的优秀年轻干部。

第一节 提高高质量发展建设共同富裕示范区的干部教育培训实效

干部教育培训既是建设高素质干部队伍的先导性、基础性、战略

性工程,也是服务科学发展和落实五大发展理念的重要保障。浙江省着眼于干部培育的统筹性、针对性、实效性,在教育培训工作中突出"靠得牢""有本事""个性化""强阵地""夯基础""严管理",使干部培育工作总体呈现出改革创新、竞争开放、充满活力的发展态势。

一 加强党性教育

习近平总书记高度重视加强思想建党、理论建党。如何把"先进的思想理论转化为强大的物质力量"、如何推动浙江科学发展,是他在浙江工作期间一直思考的问题。2005年1月,他在省委保持共产党员先进性教育活动专题报告会上指出:"一刻也不能忽视加强理论武装,一刻也不能放松对意识形态工作的领导,一刻也不能停止增强用发展着的马克思主义来指导新的实践的本领。"他指导各级建立健全党委(党组)理论学习中心组制度,带头上党课、作形势报告,突出强调领导干部抓理论学习要有王国维论述治学那样的"三种境界";部署开展保持共产党员先进性教育活动、"树立科学的发展观、树立正确的政绩观、树立牢固的群众观,创为民、务实、清廉好班子"教育实践活动,教育引导党员干部自觉运用科学理论武装头脑。近年来,注重干部思想根基培养已经成为共识,各级党委及组织部门积极探索,形成了一些行之有效的措施和方法。

坚持把专题教育融入日常、融入中心。2015年来,浙江省扎实开展"三严三实"专题教育、"两学一做"学习教育活动、"不忘初心、牢记使命"主题教育、党史学习教育、学习贯彻习近平新时代中国特色社会主义思想主题教育,党员干部普遍经受了思想作风的大洗礼。各级组织部门自觉把专题教育作为重大政治任务扛在肩上,认真履行牵头抓总职责,高起点谋划、高标准要求、高质量推进。一方面,坚持把学习贯彻习近平总书记系列重要讲话精神摆在首位,贯穿专题党课、专题研讨、专题民主生活会等全过程。规定动作做到位，自选动作创特色；另一方面，深入开展专题教育，学习习近平总书记在浙江考察时重要讲话精神，开展"干在实处永无止境、走在前列要谋新篇"大讨论。专题教育有深度有力度，加大创业油门，促进了经济社会发展，得到了广大干部群众的充分肯定。

认真抓好红色经典教育、道德教育和党性教育。一是在各级党校各级主题班次中，普遍设置了研读马克思主义基本著作等教学内容，采取经典文选导读、专题辅导、学习研讨等形式，组织领导干部重温经典，学习掌握马克思主义的基本立场、观点和方法论。二是突出"德才兼备、以德为先"的培训导向，把德育作为培训的重中之重，切实加强领导干部"官德"教育，强化学党章、用党章，全面开展党章党规党纪专题集中轮训，引导党员领导干部不断增强党的意识、党员意识，始终做到政治上讲忠诚、组织上讲服从、行动上讲纪律。三是深化循迹溯源学思想促践行，开展"持正确政绩观，建为民新业绩"行动。省委组织部每年安排300名左右优秀中青年干部参加省委党校中长期脱产培训，组织领导干部到各级党校和南湖、四明山等教育基地进行党性教育。而且，紧密结合市县换届后领导班子思想政治建设，专门举办了党性教育专题班，省委书记、省纪委书记和组织部长亲自授课。2015—2016年两年中，对1800多名省管干部和3.5万名县处级以上干部进行党章党规党纪集中轮训。

干部工作加强教学研究，使党员干部准确把握习近平总书记卓越的执政思想和执政方略，深刻领会蕴含其中的马克思主义政治立场、价值追求和崇高信仰。浙江省通过各种途径加强党员干部党风教育，提高党性修养。注重改进教学方式，开发特色资源，不断增强理论武装和党性教育的吸引力、感染力，引导各级领导干部坚定理想信念，牢固树立正确的世界观、权力观、事业观，始终保持艰苦奋斗的精神和锐意进取的激情，始终保持道德品行的纯洁性。

二 开展领导干部履职能力培训

开展岗位能力培训。坚持干什么学什么、缺什么补什么，有针对性地开展转型升级、创新驱动、现代金融、城乡建设、生态建设、文化建设、法治建设、社会治理和"互联网+"、智慧城市等方面培训，不断优化干部知识结构，增强其法治观念，提升专业化能力。

重点岗位集中轮训。围绕各阶段重大工作部署，针对市、县、乡镇"一把手"等重点岗位领导干部，定期组织开展集中轮训。一方面，浙江省先后开展了市县委书记学习贯彻党的十八届五中全会精神集中培训，市县长加快发展方式转变促进经济转型升级集中培训，乡镇党委书记学习贯彻党的十八届三中全会精神集中轮训等活动。这些培训紧密结合岗位特点，着眼推动工作落实，各方反响比较好。另一方面，紧扣省委省政府重大决策部署、经济社会发展的热点难点问题、群众关心的现实问题，每年确定一批培训专题。如举办了创业创新环境建设等专题研讨班、地方金融体制改革专题研讨班、推进转型升级、社会管理创新、海洋经济等专题培训班。

开展新任领导干部履职培训。市县换届以后，对新任干部分类别、分层次、有针对性地开展培训。2015年以来，先后选送换届后新任县委书记和市县委组织部部长参加了中组部组织的任职培训。省委组织部门还自主举办了市县新任省管党员领导干部党性教育专题培训班、全省35岁左右新进县（市、区）党政班子年轻干部培训班、全省换届后新任乡镇党委书记集中培训班。这些教育培训切实帮助新任干部提升能力，使他们尽快进入角色、胜任工作。

浙江省委坚持干中学、学中干的原则，着力提升领导干部攻坚克难、真抓实干的本领，有针对性地对干部进行履职能力培训，使党员干部加快知识更新，优化知识结构，拓宽眼界和视野，提高了知识化、专业化水平和履职尽责的素质和能力。

进一步完善干部教育的管理、激励机制。一方面，坚持干部培训与干部选拔任用相结合，坚持"逢进必训""逢训必考""逢考必严"的原则，增强干部自我加强高质量培训的动力。另一方面，积极推动落实学用结合有关规定，把领导干部的学习培训情况与考核相挂钩，把理论素养、学习能力作为选拔任用领导干部的重要依据。提任县处级以上党政领导干部，要达到《干部教育培训工作条例》规定的培训时间要求，确因特殊情况在提任前未达到要求的，须在提任后一年内完成培训，彻底解决干部队伍中存在的"不想学""不愿学"现象。

牢固树立按需培训理念。省委党校把需求调研作为培训计划生成的必经环节。每年两次与省委党校召开培训计划咨询会，定期会同培训机构开展培训需求调研，分析新形势新任务，了解掌握领导干部对教育培训的需求，研究确定培训计划。坚持和完善组织培训机制，注重以人为本，不断扩大干部选择培训主题、培训时间等自主权，增强干部参训的积极性。同时，严格执行培训计划申报，对省直单位干部培训工作实行统筹管理，有效避免多头培训、重复培训等问题。

浙江省坚持把中央规范管理的要求贯穿于干部教育培训的全过程，逐步探索建立起与科学发展相适应、与干部人事制度改革相配套的干部教育培训运行机制，进一步提升了干部教育的规范化水平。

第二节 加强高质量发展建设共同富裕示范区的干部"墩苗"培养力度

干部"墩苗"培养，就是强化实践导向，坚持必要的台阶式、递进式历练，让年轻干部到基层一线和艰苦地区经风雨见世面，在急难险重任务中锻炼提高，在改革发展稳定实践中增强担当，始终走与人民群众实践相结合的成长道路。"墩苗"培养是人才成长之规律之一，只有通过实践历练"墩苗"，才能做到"因其材以取之，审其能以任之，用其所长，掩其所短"。习近平总书记指出："年轻干部不经过千锤百炼、艰苦磨炼，很难在关键时刻经受住考验。一些地方对要培养的'苗子'百般呵护,为他们设好'台阶'、铺好'路子',恰恰忽略了把他们放到艰苦岗位上去磨炼。""对那些看得准、有潜力、有发展前途的年轻干部,要敢于给他们压担子,有计划安排他们去经受锻炼。"[①] 浙江省加大优秀后备干部和优秀干部的点派力度,重视把他们放到关键岗位、正职岗位,压担子、强历练。积极选派干部到基层一线、艰苦地区"墩苗"历练,安排到国家战略举措、重大改革项目实践中增长才干,从而提高他们的担当意识和管理能力。

一 把干部派到重大项目上去"墩苗"

把干部派到国家项目上去锻炼。加强挂职干部管理,推动干部在实践中锤炼党性、增长才干。近年来,浙江积极选派干部到国家战略举措实施地、重大改革项目、重点工程、山海协作产业园、艰苦山区海岛32县地区挂职任职,开展"双提升双推动"工作,加强干部到信访等复杂岗位一线锻炼,实施支持杭州和宁波创新驱动发展、温州金融改革试点、舟山群岛新区建设、义乌国际贸易改革的新"百人计划"接续实施千名干部交流互派工程,继续组织基层领导干部到省直单位上挂职锻炼。

把干部派到省重点任务上去历练。各级组织也把落实省委重点任务作为干部考核督查的标准,注重发现和选拔使用一批在三个"一号工程"中勇于担当、敢作敢为、表现优秀的干部;注重发现和选拔一批立足本职、不事张扬、埋头苦干的"老黄牛式"干部。围绕市委、市政府决策部署,绍兴市市委注重在共同富裕示范区建设等重点工作中发现和使用干部,注重在工作业绩突出的地方和部门发现和使用干部,激励干部锐意进取、奋勇争先。金华市每年选派约400名干部到金义都市新区、市区八大重点区块建设指挥部、共同富

---

① 《十八大以来重要文献选编》(上),中央文献出版社2014年版,第348页。

裕示范区建设等重点工作一线"挑担子";对履行职责不到位、工作任务不落实的干部坚决进行调整。从各地实践上看,浙江各市聚焦省、市的中心工作,选调干部参与共同富裕示范区建设等重点任务,并对这些干部跟踪管理,定期进行督查考核,通过听取分管领导意见、实地查看相关项目推进情况等途径,及时掌握选调干部的实际表现,对优秀者予以重点培养,对表现不佳者及时提醒。

浙江通过重点岗位来加强对干部墩苗历练的力度,使各级组织把"敢担当、善落实"作为干部选拔任用的鲜明导向,把党员干部推进中心任务和重点任务实绩实效作为考验干部"能为"的重要标尺,一方面把最优秀的干部选配到一些重要领域、重要岗位上,加快工作节奏,一批事关经济社会发展大局的重点工作得到了有效的贯彻和落实。另一方面工作压力层层传导,使各级干部进一步拉高工作标杆,既为干部提高能力搭建了平台,也为党的干部选拔锻炼年轻干部。

二 把干部派到急难险重的任务中去"墩苗"

把急难险重任务作为培养锻炼干部的重要阵地,积极鼓励引导干部在实践锻炼中经风雨、接地气、墩苗子、长才干,练就干事创业的"真功夫"和"硬本领"。2015 年,金华市针对全省最大的棚户区改造项目二七区块征迁改造工程指挥部进行了干部专项考察,发现与掌握了一批表现优秀、实绩突出的干部。近年来,金华市有意识地安排年轻干部一起组队参与东永高速拆迁、供销大楼建设、三联小学迁建等重点工程建设;让年轻干部负责处理纠纷、案件调处。青年干部在一线工作中进行压担锻炼,通过参与重点工程建设或难点纠纷调处来提高工作能力。

实行重点工作清单管理。2016 年年初,绍兴市各部门研究制定了《重点工作清单实施管理办法》,突出清单式管理、动态性考核、配套化保障,压实各级干部工作责任。先后分五批在市级主要媒体公布各县（市、区）、省级以上功能区以及涉及经济社会发展和民生事业的市级部门重点工作清单，并每月将主要指标完成情况、清单工作推进情况向社会公布，接受群众监督评议。在半年度组织开展"晒亮点、比业绩"活动，由市四套班子成员、区（县、市）和市级部门有关领导及部分"两代表一委员"对特色亮点工作进行前后比对、现场考评，形成互相比较、互相学习、互相促动的良好氛围。

习近平总书记指出，年轻干部"参加工作后，在普通岗位上经历一些难事、急事、大事、复杂的事，能够更加深刻地感受国情、社情、民情"，"把基础搞扎实了，后面的路才能走得更稳更远"。①党员干部只有在关键时刻能够出色地完成上级下达的急、难、险、重的指令性任务，才能成为领导部门可以信赖的干部，成为为人民群众贴心服务、无私奉献的干部。完成急、难、险、重任务是考验干部"能为"的重要标尺，也是干部队伍战斗力的重要表现。

三 把干部派到一线和基层去"墩苗"

建立完善制度机制。浙江省委高度重视年轻干部培养，早在2008年，浙江省委组织部将"建立来自基层和生产一线的党政干部培养链"问题作为重点课题，组织力量下功夫调研，形成了一份富有含金量的报告，提出了加强年轻干部队伍建设的对策建议。2014年浙江省委下发了《关于加强和改进优秀年轻干部培养选拔工作的实施意见》，把选派年轻干部到基层一线锻炼作为丰富成长阅历、增强处理复杂问题能力、促进尽快成熟的重要举措。近年来，浙江省委不断创新方式方法，形成了一套较为成熟的工作程序，加大了年轻干部到基层一线锻炼力度。如衢州市从2014年起坚持数量和质量并重，选派几百名年轻干部到乡镇基层、重点项目、群众工作、经

---

① 《十八大以来重要文献选编》（上），中央文献出版社2014年版，第349页。

济服务、招商引资"五个中心一线"挂职墩苗,为期两年。通过拓宽视野、多岗历练、墩苗压担、大胆使用,让年轻干部到环境艰苦、情况复杂、工作压力大的地方经受锻炼和考验,让一线岗位成为年轻干部取长补短、百炼成钢的"大熔炉"。

做好宏观规划。这是浙江年轻干部基层锻炼工作的一大亮点,浙江省追求的年轻干部不是一个、数个,而是一个群体,是一批接着一批,是持续不间断的状态和过程。在丽水市,仅2013年就有17名来自清华、北大的高才生。他们无一例外被安排在基层一线工作,而且都有自己分管的条块工作,还有各自联系的村。翻看其中一人的工作手记,发现除了记录日常的工作内容外,还有很多个人思考。例如,对撤村并居体制问题的思考、对行政工作中好事没有办好的原因分析、投票选举对农村传统势力格局的冲击、群体性事件中的社会心理学问题等。这些"高大上"的课题研究正是来源于"细碎杂"的基层工作。所以,遵循干部成长规律,进一步引导年轻干部下沉到基层,为年轻干部脱颖而出提供更多的机会,向各地各部门源源不断地输送优秀干部。

习近平同志指出:"地方尤其是基层一线是领导干部了解实际、向广大群众学习的好课堂,也是领导干部磨练作风、提高素质的大考场。"[1] 到地方和基层一线工作,同基层干部和群众一起摸爬滚打,对于领导干部特别是年轻干部增长领导才干、积累实践经验、加快政治成熟至关重要。

第三节 细化以"选"促"育"培养高质量发展建设共同富裕示范区干部的制度机制

在干部选拔培养上,浙江省强调以"选"强育,既要坚持必要台阶、递进式培养,又要敢于打破"隐性台阶",着重选拔年轻干部

---

[1] 《在地方和基层历练中锤炼党性增长才干》,《人民日报》2010年10月12日。

和后备干部。根据中央精神,省委组织部在干部培育机制上,逐渐探索干部职务与职级分离机制、建好干部梯队,建立青年干部和后备干部培养名单等工作。

一 制定干部选育的制度机制

细化干部选用机制,明确干部培育方向。制定实施进一步加强好班长好班子好梯队建设意见,形成"1+5+X"制度体系,分析研判和动议、民主推荐、考察、讨论决定、任职"五个办法"和纪实工作实施办法,细致规定了干部选拔的条件、干部管理的方法、干部考核的内容,为立体识人、精准用人提供了制度基础,也为干部培育提供了导向。

精准识别干部是干部选用的前提,也是干部培育的先导。根据以上文件,浙江加强对干部的动态管理和识别,在实践上实行"二八分"原则,坚持把80%精力用在平时了解识别干部上,努力做到提人知情、提情知人。如杭州市拱墅区委组织部在选任干部时,综合近三年年度考核、日常实绩考核、平时考察等情况,在汇总梳理干部相关基本信息和个性特征基础上十余次开展综合分析研判,研究提出干部调配建议方案,注重结构性干部和"狮子型"干部的选配。

细化干部选用机制健全完善了干部日常实绩考核评价体系,重点关注区管领导干部的日常表现,翔实记录干部年度工作案例以及测评、考绩、攻坚克难表现情况,使干部"凡提必核"得到了落实,而且基于对干部的全面认识,一方面明确了干部培育究竟要培养什么样的人,另一方面全面识人也使组织部门充分了解了干部专业水平和能力素质,为干部培育制定精准的个案打下基础。通过选人用人这个指挥棒,打造好班长好班子好梯队的标准,从而在干部培育中见到实效。

二 建立"两个千人"干部培育名单

加强年轻干部队伍建设是领导班子建设的基础性工程,是培养选拔优秀年轻干部的重要举措。

遴选千名年轻干部。浙江省委对年轻干部队伍建设非常重视,从2013年开始,通过各处选拔的方式建立了省管副地(厅)级年轻干部人才库,并加大培养、选拔力度,这几年一大批副地(厅)级年轻干部陆续走上了领导岗位。浙江省委及组织部门要深刻领会中央和省委的新精神新要求,以"四个坚持、八个不"不断完善年轻干部队伍建设制度机制。为了给浙江长远发展提供坚强组织保证,浙江省2013年开始着手建立1000人左右的省管年轻干部库,其中正职年轻干部400名左右、副职年轻干部600名左右。在实践标准上,培养选拔年轻干部既坚持标准条件,处理好数量与质量的关系,又要考虑领导班子建设的近期需要和中长期需要;既重视储备关键岗位年轻干部,又加强女干部、少数民族干部、党外干部和紧缺专业人才选拔;既激励年轻干部奋发进取,又注意调动各年龄段干部积极性,真正把符合新时期好干部标准的干部推荐出来、选拔起来。

浙江省委组织部直管千名青年干部。中央反复强调要大力培养选拔优秀年轻干部,浙江省作为沿海地区、市场经济先发省份,优秀的年轻干部适合哪些岗位,年轻干部培养选拔工作究竟怎样进行,组织部门如何让一批优秀年轻干部脱颖而出?这些都是组织工作不可回避的问题。但是,从当前的选拔机制来看,年轻干部的来源渠道单一,现在各级党政机关严控编制,主要靠选调生分配,客观上导致年轻干部队伍在"源头"上缺乏一定数量较高素质的人才储备,影响到年轻干部的培养提高和年轻干部的选拔。虽然浙江积极探索干部能上能下机制,治理为官不为,但是干部不到年龄不退休,不犯错误不下岗,能上不能下等问题仍然存在,致使可以使用的职数捉襟见肘,形成了"老同志堆积、中年人淤积、年轻人着急"的尴尬局面，严重影响了年轻干部的培育。基于这种情况，浙江省委组织部直接掌握1000名左右市（厅）管、县管年轻干部，与市县和省直单位共同管理、跟踪培养。建立青年干部人才库，省委组织部直接对优秀青年干部进行动态考察，统筹考核干部素质、能力、性格等多种因素，加强综合分析研判，使年轻干部队伍不断充实，一方面不断提高干部培育工作科学性，另一方面促进干部选拔的科学性，有效防止"急拿现用""萝卜选拔"等现象。

三 开展"优秀年轻干部专题调研"

目前，对年轻干部的培养存在着许多问题。例如"短视"问题，培养年轻干部仅仅为了应付班子调整和短期需要，从当前考虑多，从长远考虑少；从业务角度考虑多，从政治角度考虑少；从单位部门的局部需要考虑多，从党和国家工作大局考虑少。又如，习惯于以往干部工作的路径依赖，用完人标准、静止眼光看待年轻干部，习惯于抠台阶、论资历，习惯于按年龄排座次、讲先后，不能辩证地从本质上看待年轻干部的优点和缺点，总觉得年轻干部不成熟、不放心、不可靠，一提到培养年轻干部，就简单地等同于随意提拔。为系统思考和解决年轻干部培养的问题，2016年6月，结合市县换届工作，由省领导带队分赴十一个市开展"注重基层导向、培养年轻干部"专题调研。这次专项调研的主要任务是总结各地培养选拔年轻干部的主要做法、有效措施和取得的经验，年轻干部培养工作存在的问题和不足，听取改进年轻干部培养的意见和建议。调研组深入基层，了解掌握在实践一线工作的优秀年轻干部，及时发现和掌握一批优秀年轻干部，为干部选拔任用打好基础。

第四节 完善高质量发展建设共同富裕示范区的干部成长选育管用全链条机制

新的历史时期，深入研究优秀年轻干部培养选拔机制，对于建设一支忠诚干净担当的高素质干部队伍具有重要的现实意义。从中央到地方一直高度重视年轻干部的培养，一大批优秀年轻干部走上了各级领导岗位，为党的干部队伍注入新鲜血液，增添了生机活力。近年来，浙江省着眼高素质干部队伍建设的需要，加强优秀年轻干部的培养选拔，针对不同时期、不同阶段、不同岗位的特征，在培养选拔优秀年轻干部方面进行了有益探索和创新实践。一批批优秀年轻干部成长起来，有效推动干部队伍优化了结构、提升了素质、增强了活力。

一　完善年轻干部选优机制

完善年轻干部的选优机制，本质是明确培养选拔年轻干部的目标、任务和干部管理权限，明确各地各单位党委及主要领导、分管领导为年轻干部培养选拔工作的责任主体，严格落实工作责任。近年来，各地积极探索，针对本地区（部门）的实际情况，制定并落实年度年轻干部培育的制度和措施，加大对优秀年轻干部使用管理。

首先，注重优苗选育，加强建库管理，实施年轻干部"接力工程"。浙江省各地区结合本地本单位实际，至少着眼今后五年至十年干部队伍建设的需要，尤其是立足下一届领导班子换届配备的需求，科学制定与本地区经济社会发展和优化干部队伍总体结构相适应的年轻干部队伍建设规划，合理设置各级领导班子中年轻干部的配备比例和数量，形成选拔、培养、使用年轻干部的工作目标和措施办法，以确保各级领导班子始终储备有数量充足的优秀年轻干部。

建立年轻干部定期分析制度。根据《中共浙江省委关于进一步加强好班长好班子好梯队建设的若干意见》（浙委发〔2015〕13号），完善年轻干部选优，把优秀年轻干部纳入年轻干部队伍。按照拓宽来源、优化结构、改进方式、提高质量的要求，实行常态化培养、合理化配备、制度化运行，着力建设素质优良、来源广泛、数量充足、结构合理的优秀年轻干部和年轻干部队伍。在这方面，浙江还探索为年轻干部建立个性化成长档案,对年轻干部分类建库,根据不同年轻干部的特点及专业特长,按不同类别进行细化归类,采取有针对性的培养措施,实行一人一策。总体来看,浙江省正在统筹制定区域性的年轻干部培养使用计划,通过对年轻干部的动态管理,建立年轻干部培养使用的定期分析制度。

其次,关心年轻干部思想动态。坚持用科学理论武装党员干部。着眼于理论教学的精神实质和基本立场、观点、方法,切实把握理论精髓和根基,准确把握习近平总书记系列重要讲话精神,加强理论教育的课程体系建设,加强理论教育的队伍建设,加强理论教育的教学基地建设,创新理论教育的方式方法。除了采取常规的让干部在党校脱产学习基本理论的方式之外,浙江省委党校下一步将依托信息网络平台,打造一所"没有围墙的党校",建设一个"浙江干部学习网"。注重党员干部教育特色,突出个性化服务,提升个性化服务水平,为领导干部的学习、研究、实践及时提供相关信息服务。

再次,完善谈心谈话制度。建立健全年轻干部思想工作状况定期分析、定期谈话等制度,及时了解掌握年轻干部的所思所想所盼。一方面,党委(党组)主要负责同志与下一级党政正职每年至少进行一次谈心谈话,推行领导干部岗位目标管理,提高干部队伍战斗力执行力。从省委层面来看,省委组织部领导带队分赴省直单位和市县,全面与省管领导干部谈心谈话,深入了解班子状况和干部情况。2013年、2014年两年走访省管领导班子,与省管干部谈心谈话1500多人次。另一方面,加强对干部的关心关爱和正向激励,促进干部身心健康。这可以帮助年轻干部合理调适心理预期,把个别同志对职务调整的追求热望,引导到脚踏实地做好本职工作、努力提高自身素质上来。同时,坚持以人为本,注重人文关怀,关心年轻干部的生活和家庭,促进年轻干部的身心和谐、家庭和谐。

最后,优化领导班子结构。坚持结构服从功能,重视班子成员的知识结构、领导经验、工作经历和性格气质互补,实现优化组合,不断增强班子整体功能。

研究领导班子建设规律和领导干部成长规律。既注重对领导班子和干部队伍总体建设情况进行分析研判，又注重对特定类型的干部群体，尤其是年轻干部群体进行分析研判。对市县乡、党政工作部门、国有企业和高校等事业单位的领导班子和领导干部，以及新任一把手、年轻干部等，在分析研判的内容、方法、程序上各有侧重，体现其特点。总体要求是使领导班子年龄结构合理，优化领导班子知识专业经历结构，合理配备女干部、少数民族干部和非中共党员干部，改进优秀年轻干部培养选拔和年轻干部工作等。这些工作着眼于增强领导班子整体功能和合力，在干部选用时，既要考虑专业、能力结构上的合理性，又要考虑个性特点和工作阅历、工作经验上的互补性，既重视个体的优秀，又重视集体的最佳组合，使班子整体发挥最大效能。

另外，在领导班子集中调整配备和领导干部选拔任用时，坚持研判前置原则，把分析研判结果作为选干部、配班子的可靠依据，做到提情知人，按照人岗相适原则准确及时提出空缺岗位合适人选。党组织通过综合分析研判和日常案例数据分析，充分发挥领导和把关作用，增强干部工作的前瞻性、主动性、科学性，着力解决评价使用干部"唯生产总值、唯票、唯分、唯年龄"等问题，按照"提人知情、提情知人"的要求，把优秀的年轻干部发现出来。这些探索为深化干部选拔任用和考核评价制度改革指明了方向。干部选拔要"不唯票、不唯分、不唯生产总值、不唯年龄取人"，而应树立正确用人导向，参考得票率的同时，还要考察干部的政绩、潜绩，看实效，从而使干部选用人岗相适，科学合理。

综合分析研判是党委组织部门按照干部管理权限，运用多种分析评价方法，对领导班子运行情况、工作实绩、整体结构、优化方向和领导干部能力水平、履职成效、作风表现、廉洁自律等方面，及时跟踪了解、分析研判。浙江根据浙江省《关于构建领导班子和领导干部综合分析研判机制的意见（试行）》的要求，在领导班子建设过程中，对年轻干部进行多层面综合分析，统筹抓好地方和部门领导班子年轻干部的选配，为加强领导班子和干部队伍建设提供科学依据。

二 完善年轻干部递进式培养机制

培养选拔年轻干部既是一项经常性工作，又是一项事关长远的战略性任务，要立足长远抓规划，站在战略的高度谋划年轻干部队伍建设，明确科学合理的培养目标，最终形成年轻干部递进式培养机制。《关于构建干部成长选育管用全链条机制的实施意见》（以下简称《意见》）明确了强化年轻干部递进式培养的要求。《意见》强调，对年轻干部要"注重必要的履职经历和岗位历练，加强年轻干部'墩墩苗'培养"。

其一，加大年轻干部交流、挂职锻炼力度。从省市县三级机关有计划选派年轻干部到改革发展主战场、服务群众最前沿的单位和岗位经受锻炼。一是加强上挂锻炼和顶岗培训。每年从市县选派优秀年轻干部到上级机关挂职，或到中央、省级机关上挂锻炼，到经济发达地区外派锻炼，让干部在不同岗位中拓宽视野、提升能力。二是机关年轻干部侧重下派。选派优秀年轻干部到乡镇（街道）、村（社区）、两新组织等基层单位挂职锻炼；每年选派一定数量的处级干部到全省各县（市、区）党政班子、省重点工程挂职两年，分别担任县委常委、副县长或重点工程指挥部副职，掌握做好群众工作的方法和本领。总体来看，挂职锻炼主要有四种方法，其中对基层年轻干部，侧重到上级机关挂职锻炼，积累领导经验；对从基层逐级提拔上来的年轻干部，侧重横向轮岗锻炼，提升岗位适应度；对在顺境中成长的年轻干部，侧重到艰苦环境挂职锻炼，提高应对复杂局面的能力；采取到省外挂职、省内发达地区与欠发达地区之间互派干部挂职等形式，加强年轻干部的培养锻炼。

浙江省推出"百人计划"。浙江围绕服务国家四大战略举措和国家新赋予的六大改革项目,实施"百人计划",选派218名优秀年轻干部和年轻干部到改革发展一线攻坚克难。在舟山市,每年选派100名干部到省级部门、国家部委和其他国家级新区、自贸区挂职,学习经验、开阔视野;选派100名干部到项目审批代理、乡镇街道、渔农村、信访维稳等部门摔打磨炼;选派300名干部到中心工作、重大项目等领域破难攻坚、受压锻炼。再如,台州市从2008年开始在重点工作和重大项目设计专项考察制度,每年列出一批事关经济社会发展的重点工作和重大项目,专人负责、全程跟踪、一线考察,做到"以事识人、凭绩用人"。这些专项考察切实走进重点工作,走入干部群体,使考察识人更加准确,也发现了一批德才兼备、业绩突出、敢于担当的优秀基层干部。在浙江,年轻干部交流培养的力度正不断加大,具备省市县之间纵向交流、跨地区跨部门跨行业横向交流经历的干部日益增多。

其二,积极从各级机关选派年轻干部到村任"第一书记"。根据中央精神,浙江省积极试点做好选派第一书记和农村工作指导员工作,实现软弱落后村和重点帮扶村第一书记全覆盖,并向共同富裕建设重点村延伸;分片抓好建设提升,着力加强"五类村"即城中村、股改村、空心村、空壳村、淘宝村的党建工作;分步落实建设要求,坚持先进带后进,以点连线带面,深化开展"千名好支书"选树活动,健全村务监督机制和村级组织权力清单。以衢州市为例,2012年市委进一步作出重大部署,重拳整治软弱涣散的基层党组织,从战斗力最弱、矛盾纠纷最多、集体经济最差的后进基层党组织入手,全面推行"四挂五争先"第一书记工作法,集中精力抓支部,不让一个基层党组织掉队。到2015年,衢州市选派885名党员领导干部担任"第一书记",累计524个部门单位结对基层党组织,落实发展项目2141个,帮扶资金3.28亿元。乡村发展得空间,政府得公信,群众得实惠,将党建品牌创建的过程变为破解基层党建工作难题、大抓基层组织建设、推动经济社会转型跨越发展的过程,"第一书记"工作法已成为衢州市的一张新"名片"。选派优秀青年干部到村任第一书记既是基层建设的需要,也是干部培养的需要,更是新时代做好党建工作,把党员管好、把班子带好、把干部培育好的重要探索。要把年轻干部培育作为干部储备和领导班子建设的先行工程来抓,开辟年轻干部引进的"绿色通道",真正做到挖掘一批、掌握一批、储备一批,保持一支数量充足、结构合理、素质优良的年轻干部队伍。

三 加强年轻干部基层历练

实践是培养锻炼干部的大熔炉,基层一线锻炼是提升年轻干部能力本领、提高年轻干部素质的必由之路,也是考察识别年轻干部的有效方法。实践中要根据年轻干部成长的需求和特点,创新拓展年轻干部实践锻炼的方法途径,努力使年轻干部在实践中增加阅历、增强本领。

《中共浙江省委关于激励干部干事创业治理为官不为的若干意见》(浙委发〔2015〕18号)要求各级组织注重把年轻干部放到艰苦岗位、基层磨炼,让年轻干部"墩墩苗";围绕省委、省政府决策部署,加强对共同富裕示范区推进落实情况的专项督查,深化专项考察,深入了解干部在重点工作中的表现情况;注重在改革发展主战场、经济建设第一线、社会治理最前沿考察识别干部。

从省级机关来看,浙江一方面积极选派年轻干部参加"服务企业、服务基层"专项行动。从2010年开始,每年从省直有关部门、高校和金融单位抽调干部组成十一个服务组,由十一名厅级干部担任组长,到十一个市开展一年四次、每次不少于十天的服务。几年来,共有473名年轻干部参加了省直服务组。另一方面,选派省级机关中的"三门干部"到公务员实践基地挂职锻炼。省里两次确定基地54个,目前已选派一批年龄在40岁以下、缺乏基层工作经历的主任科员以下公务员，进行为期两年的锻炼。从各地市探索来看，湖州市启动实施南太湖年轻干部成长助推计划，根据年轻干部成长规律，采取"适应期、积累期、成熟期"三段培育方法，有意识地选派年轻干部到环境比较复杂、条件比较艰苦的基层去锻炼，每年安排机关部门年轻干部到乡镇、村、企业等基层单位挂职锻炼。近年来，湖州市县两级已累计选派2000多名年轻干部到共同富裕示范区主战场，引导、鼓励他们通过在基层一线"崭露头角"，不断提升做好群众工作、处理实际问题的能力。目前，湖州市市管县局级领导干部中，有过基层一线工作经历的占93.4%。实践证明，到基层一线锻炼是年轻干部了解基层、磨炼意志、转变作风、增长才干的有效途径。只有不失时机地把年轻干部放到具有挑战性、考验性的岗位上去锻炼，年轻干部才会更快更健康地成长。

年轻人作为思想活跃者，可以很快地接受新事物。年轻干部下基层，让他们深入到群众中去，了解群众疾苦，了解群众所思所想，使他们利用自己的才华为基层的发展贡献力量。从个人层面，年轻干部必须认清下基层绝不能是一时兴起、头脑发热的决定，不是一朝一夕之功，也绝非做表面的东西，而是要求年轻干部坚定信念，下基层的年轻干部要结合自身掌握的理论、政策结合当地实际，想方设法为基层群众办实事、做好事、解难事，将"心"融入基层，必须抱着"一切为了群众，一切依靠群众"的心态，融入基层、感悟基层、立足基层，培养一心为民的情怀。

四 拓宽优秀年轻干部选拔视野和渠道

近些年来，党政领导干部的选拔与培养还主要局限于党政系统内，高层次专业技术人才进入党政领导岗位的渠道不是很畅通，尤其是事业单位的高级专业技术人才被选拔为党政领导的空间受到了挤压。对年轻领导干部的选拔和培养趋向于党政系统的内循环，企业尤其是民营企业的优秀人才进入党政机关担任领导干部的渠道基本上没有开放。在整体上看，现有的选人用人体制还没有形成将社会各阶层精英吸纳进党政领导干部队伍的机制，选拔视野较为狭窄、选拔范围较为封闭。

根据这些情况，浙江省不断探索建立地区、单位间年轻干部选拔培养的沟通协调机制，正在形成大区域内整合培养、科学使用的良好格局，打破年轻干部的部门惯性思维，由组织部门确定一批重点培养对象，直接调配培养。浙江省《浙江省乡镇党政领导干部选拔任用工作实施办法》（浙委办发〔2014〕80号）要求，拓宽选人视野和渠道，乡镇党政领导干部既要注重从本地成长的优秀乡镇公务员中选拔，也要注重从优秀村（社区）干部、大学生村官、乡镇事业编制人员中选拔。经选举当选乡镇党政机关领导人员的，在国家行政编制限额内按照公务员登记有关规定进行登记。《中共浙江省委关于激励干部干事创业治理为官不为的若干意见》（浙委发〔2015〕18号）提出，积极搭建比学赶超的平台。完善县（市、区）委书记工作交流会制度，建立省直单位、高等学校、国有企业主要负责同志定期工作交流制度，推动健全不同层级、不同领域工作交流会、现场会、点评会等制度，引导干部晒实绩、比业绩，相互交流学习提高，推动压力层层传递、工作逐级落实。这些规定表明，浙江省委着力拓宽优秀年轻干部的选拔视野。对在各领域群众公认、踏实工作、实绩突出的优秀人才，要善于发现、敢于选拔。

《办法》和《意见》规定注重从国有企事业单位、群团组织、村（社区）、非公有制企业和社会组织中发现优秀青年人才，积极探索各方面优秀青年人才进入党政干部队伍的途径和方法；加强对企业、事业单位高层次专业技术人才和商界精英管理人才的引进力度，加大政校、政企、政事间的高级人才互动和交流。这就把选人用人的眼光拓宽到各个阶层、各个战线、各个领域、各个组织，吸引高素质人才进入党政系统，提升和改善党政部门干部的知识结构，突破了体制内和体制外选拔人才的局限。

另外，就专业性较强的岗位而言，《办法》和《意见》也着力打破身份限制，面向社会优秀人才公开招聘并探索试行聘任制，吸纳更多优秀青年人才进入干部队伍。这一方面为真正的人才搭建了平台，在党委、政府年度重点工作中选取难度较大的专项工作，采取组织选派、民主推荐、自愿报名等形式，选聘年轻干部作为项目负责人，给那些能真正解决实际问题的人搭建平台，对能出色完成任务的给予重用。另一方面，通过这种选用机制加强单位内部经常性的轮岗交流，优化了年轻干部资源的配置，积极推进跨地区、跨行业、跨系统等多种形式的轮岗，推动各层面年轻干部在县（区）之间、部门之间、部门和县（区）、乡镇（街道）之间的适当交流，强化多岗位历练，激发年轻干部队伍活力。

五　完善优秀年轻干部脱颖而出的机制

使优秀的年轻干部脱颖而出，就要改进年轻干部遴选方式，探索破除年轻干部成长"隐性台阶"的制度机制。年轻干部上升渠道还不够畅通，职务晋升不仅受到任职年限、岗位等硬性条件限制，还受到"隐性台阶"的制约。以乡镇为例，副镇长到党委书记虽然只相差一个职级，即副科到正科，但往往要经历副镇长—党委委员、副镇长—副书记—镇长—党委书记等台阶，有些乡镇副职还有可能先到县级部门担任副局长、局长一段时间后，再到乡镇任党委书记，实际上要经历三个以上台阶。这样一个渐进上升过程，一般顺利晋级也要花十年左右的时间。调查显示，有50.7%的人认为年轻干部选拔任用"隐性台阶多、成长缓慢"。应坚持把创新选拔方式作为重要途径，促使年轻干部脱颖而出。培养年轻干部的最终目的是使用，使用是最好的培养。对特别优秀的年轻干部，可按规定条件程序破格提拔。

《党政领导干部选拔任用工作条例》规定，特别优秀的年轻干部或者因工作特殊需要的，可以破格提拔。对于确有真才实学、成熟较早、实绩突出的年轻干部,要敢于突破传统束缚,大胆破格使用,不能畏首畏尾。浙江出台了《浙江省乡镇党政领导干部选拔任用工作实施办法》(浙委办发〔2014〕80号),明确要求乡镇党政领导干部应当逐级提拔。特别优秀或者因工作特殊需要的干部,可以突破任职资格规定或者越级提拔担任领导职务。

第一,破格提拔的特别优秀干部,应当德才素质突出、群众公认度高,并且符合下列条件之一:在关键时刻或者承担急难险重任务中经受住考验、表现突出、做出重大贡献;在条件艰苦、环境复杂、基础差的地区或者单位工作实绩突出;在其他岗位上尽职尽责,工作实绩特别显著。

第二,因工作特殊需要破格提拔的干部,必须是领导班子结构需要或者领导职位有特殊要求的干部,或重要专项工作和艰苦边远乡镇急需引进的干部。

《意见》也明确要求,破格提拔干部必须从严掌握。不得突破六项规定的基本条件。任职试用期未满或者提拔任职不满一年的,不得破格提拔。不得在任职年限上连续破格。不得越两级提拔。破格要有"格",破格不能"出格",必须遵守相关规定,优秀年轻干部破格提拔本无可厚非,但破格选拔的标准必须明确,程序必须公开透明,选拔过程必须公开公正,要经得起社会的监督和时间的考验。

从各地的实践来看,浙江省制定的优秀年轻干部培养选拔工作的实施意见,在落实中央要求的基础上提出乡镇党政正职中35岁以下的应占总数的15%左右,省直机关40岁以下的处级干部应不少于总数的15%。地方层面,各市也进行了一些积极探索。湖州市不断加大年轻干部的选拔力度,探索开展分类有限公选、市县联动公选、跨部门竞岗交流、面向基层公开选调等多种选拔工作,每年从35周岁左右、30周岁左右的优秀年轻干部中定向选拔一批到上一级领导岗位;绍兴市实施年轻干部"素质提升计划";丽水市对参与"三重工作"(重大项目、重点工作、重要事件)的年轻干部进行专项考察；金华市 2015 年面向市县两级机关部门竞争性选拔 100 名"80后"优秀年轻干部，下派至乡镇（街道）挂职或任职党政领导班子成员等，都各具特色。实践证明，把优秀年轻干部及时提拔到各级领导岗位上使用，跨过一些不必要的台阶尤其是"隐性台阶"，有利于缩短年轻干部的成长周期，确保年轻干部在峰值年龄得到重用，走上成长的"快车道"。

第五节　加强高质量发展建设共同富裕示范区的年轻干部个性化培养

高素质的领导干部队伍，来源于高质量的年轻干部队伍。《浙江省乡镇党政领导干部选拔任用工作实施办法》（浙委办发〔2014〕80 号）明确要求，要注重使用年轻干部，用好各年龄段干部。新老干部的合作和交替是一个永无完结的历史过程，做好培养选拔年轻干部工作，一个很重要的方面是建立健全科学规范的年轻干部工作制度，要把建立年轻干部队伍工作作为加强领导班子建设的一项重要措施，统筹考虑，狠抓工作落实。

一　拓宽党政领导班子年轻干部选拔视野和渠道

选拔年轻干部的目的是要把优秀人才纳入组织培养的渠道，为建设高素质领导干部队伍提供人选。因此，选拔方式应该服从服务于选拔目的，并围绕选拔目的创新有效的选拔方式。《中共浙江省委关于进一步加强好班长好班子好梯队建设的若干意见》明确提出，拓宽党政领导班子年轻干部选拔视野和渠道，适当提高来自国有企业、高校、科研院所等企事业单位的比例，注重保持女干部、非中共党员干部、少数民族干部适当数量。这些规定符合新形势对培养年轻干部的新要求，即"拓宽来源、优化结构、改进方式、提高质量"，围绕"好班长、好班子、好梯队"的总体目标，扎实做好年轻干部培养选拔各项重点工作。

保证选拔年轻干部的质量。一般情况下，采取会议投票方式推荐年轻干部，有利于在单位内部发现优秀年轻干部，在一定范围内体现群众公认，这被实践证明行之有效。但当得票分散时，少数单位降低标准，拼凑人数，影响到年轻干部队伍总体质量。因此，保证年轻干部选拔质量，就要加强对民主推荐年轻干部宏观管理，拓宽选拔干部的视野和渠道。一方面，组织部门要在总体上按照领导班子职数相应比例确定各单位年轻干部职数，再根据人才分布情况和领导班子整体建设需要进行综合平衡；另一方面，在培养选拔年轻干部工作中，将年龄在35岁左右的优秀年轻干部作为年轻干部进行重点培养，组织部门采取依靠各级党组织推荐一批、发动群众举荐一批、深入基层发现一批的办法，把用人视野拓宽。

建立专业人才选拔制度。扩大视野拓宽选拔渠道，要重视从党政机关以外选拔年轻干部，改善年轻干部队伍结构。组织部门要根据需要研究制定年轻干部选拔办法和实施方案，直接从国有企事业单位、高等院校、非公经济组织、农村基层党组织中选拔年轻干部。一方面，要保证年轻干部队伍来源的宽渠道，既要注重遵循推荐、考察、研究、认定的程序选拔年轻干部，又要注重不断扩大推荐、筛选的公开化程度，全方位、多角度挖掘后备人才，在每年领导班子和领导干部年度考察时选拔一批年轻干部。另一方面，将公选机制引入年轻干部队伍建设，保障群众对年轻干部选拔任用的知情权、参与权，坚持群众公认、注重实绩原则，充分发挥群众在干部队伍建设中的监督作用，依靠群众荐举贤才和社会各界推荐一批年轻干部。

二 实行年轻干部动态管理

按照浙江省干部梯队建设意见，实行年轻干部动态管理，建立健全培养锻炼、适时使用、定期调整、有进有出的机制。同时，加强对列入省管年轻干部、优秀年轻干部"两个千人名单"干部的跟踪培养，选派省直单位省管年轻干部到市县和国有企业挂职锻炼。建立年轻干部定期分析制度和谈话制度、动态管理制度、信息收集和上报制度等。这些规定坚持每三年定期调整和适时补充，在滚动发展中逐步建立起一支数量充足、门类齐全、专业配套、素质优良的年轻干部队伍，既注意防止"备而不用"，又不搞"备而必上"。

首先，完善年轻干部日常管理。一是按照中央《党政领导班子年轻干部工作规定》的要求，建立年轻干部状况分析研判机制，科学预测，重点掌握一批优秀干部。一方面，采用公开竞选和组织考试、考察相结合的方法，及时调整补充优秀年轻干部，并按比例需求重点掌握一些工作实绩突出、经过培养锻炼能力素质提高快、群众公认的优秀年轻干部，使年轻干部队伍结构更趋合理。另一方面，合理规划，分类指导，合理分解各类年轻干部的数量，提出结构性要求，明确具体的条件和程序，把年轻干部队伍状况纳入领导班子和领导干部综合分析研判的重要内容，定期开展分析研判。

二是强化干部"干事档案"结果运用。一方面切实发挥考察考核在年轻干部管理中的激励作用，对连续两年考核为"优秀"等次的科级或副处级年轻干部，经组织考察筛选，列入全市县处级年轻干部库予以培养；在重大工作部署之后或某项大的工作进行期间和完成后，及时组织考核，通过实地察看、走访调查等了解掌握年轻干部表现情况、工作任务落实情况；在年轻干部学习培训或挂职锻炼结束后，适时进行实地跟踪考察。另一方面，及时"纠错"，逐步完善年轻干部退出机制，实行动态管理和限期备用，对已提拔使用的年轻干部由培养选拔向跟踪监督延伸，畅通出口。

加强年轻干部日常管理，着力打破以往"重备轻管"模式，通过建立健全年轻干部管理台账，采取日常考察、作风督查等措施，实现对年轻干部动态管理，统筹考核干部素质、能力、性格等多种因素，加强综合分析研判，不断提高干部培育工作科学性。

三是定期开展思想政治状况分析。对领导干部及时进行提醒、函询和诫勉，坚持抓早抓小抓苗头，防止"小毛病"演变成大问题，同时，增强对年轻干部教育管理的预见性和针对性。一方面，要求年轻干部定期向所在单位党组织和组织部门汇报自己的思想、工作和学习情况，每年对自己工作进行总结，形成书面材料。另一方面，强化日常跟踪了解，把经常性谈心谈话作为及时发现年轻干部问题的有效措施，完善谈心谈话制度，党委（党组）主要负责同志与下一级党政正职每年至少进行一次谈心谈话，实现干部谈心谈话全覆盖。

其次，改进和完善政绩考核办法。从工作实际来看，考核任用干部是从德、能、勤、绩、廉五个方面衡量，实施起来比较笼统，考评结果主观臆断的成分比较多，得出的结果缺少层次感和很强的说服力。因此，应从量化、细化考核内容入手，认真贯彻中央和省委关于改进地方党政领导班子和领导干部实绩考核评价工作的意见，落实"绿水青山就是金山银山""干部好不好，老百姓说了算"的要求，完善发展成果考核评价体系，探索领导干部社会评价。

探索多种形式的日常考核。改进党政正职年度考核和任期考核，建立新任党政正职履职情况考核制度；加强党委（党组）抓党的建设实际成效的考核评价，更好地体现抓好党建是最大政绩的要求；加强平时考核，健全近距离接触和考察干部制度，注重在改革发展主战场、经济建设第一线、社会治理最前沿考察识别干部；全面推行专项考察，注重考察了解领导干部在共同富裕示范区建设中的表现情况。通过逐步调整，建立起比较科学的考核评价体系，为准确选用年轻干部提供依据。

扩大考核主体范围。在坚持党管干部原则和组织考核年轻干部做法的基础上，应不断扩大考核主体活动范围，把考核范畴由被考核者单位向上级业务主管部门、工作服务对象、家庭邻里进行延伸。同时，还要注重听取人大、政府、政协有关领导的意见，加强同卫生健康、审计、信访、纪检监察等执法执纪部门的联系,加强与上级业务主管部门的沟通,从而对干部情况有一个全方位、多层面的掌握。

中央的文件和有关工作规定为浙江省做好年轻干部考评工作提供了制度保证,浙江省根据这些要求,不断完善步骤程序,健全制度机制,正在形成科学完善的考核体系,为客观、准确地评价年轻干部的德才表现与工作实绩,择优选用年轻干部提供了科学依据,增强了操作性、针对性和准确性。

三 加大党政正职人选培养储备力度

按《中共浙江省委关于进一步加强好班长好班子好梯队建设的若干意见》精神,加大对正职人选的培养,对有党政正职经历尤其是担任党委书记的优秀领导干部,加快向上一级党政正职方向培养;对缺少下一级领导经历的正职年轻干部,及时安排到下一级党政领导岗位工作;注重把年龄较轻、发展潜力较大的机关部门副职,选派到地方或基层党政领导岗位进行培养锻炼。按照这一要求,主要是做好以下工作。

第一,配强好班长。干部梯队建设意见同时规定"狮子型"干部的产生方式:一是市、县(市、区)党政正职人选应经过多岗位锻炼,具有驾驭全局的能力,优先从具有地方或基层领导经历特别是下一级党政正职经历的领导干部中选拔。二是各级党政工作部门正职人选应具有比较丰富的领导经验和岗位所需的专业化能力,改革任务重、权责集中的部门正职人选,应优先从解决复杂问题能力强、有地方或基层党政正职经历的干部中选拔。三是国有企业正职人选应具有敏锐的市场意识和较强的风险控制能力,注重选拔熟悉资本运作和现代企业经营管理,能促进国有企业改革创新和国有资产保值增值的优秀领导人才。四是高等学校党政正职人选,应按照"讲政治的教育家和懂教育的政治家"的要求进行培养和选拔。经过这四种方法，就很容易把"狮子型"干部配备到各级党政正职岗位上来，让这些敢抓敢管、担当有为的"闯将"去当班长，让他们站上施展才能的舞台，去带动大家干事创业。

第二，推进各级党政正职干事创业。一是支持和保护坚持原则、敢于负责的领导干部。擅长改革攻坚的"狮子型"干部本应委以重任，但实际中却可能得罪人，在推荐选拔干部时也可能得票不高。这是因为，在有的地方，个性鲜明、说话直接者，可能"不会做人"；做事有魄力、雷厉风行者，可能"不够灵活"。所以，鉴别、培养"狮子型"干部，不光听其言，更要观其行，实绩才是最终的试金石。在实践操作中，选拔干部时不简单以票取人，对因敢抓敢管得罪人、影响得票的干部，组织上要主持公道，给予客观公正评价，"役其所长，则事无废功；避其所短，则世无弃材"，干部使用上既不应该也不可能搞千人一面，关键是要把合适的人放到合适的岗位上。

二是搭建比学赶超平台。2013年7月，浙江省探索建立了（县）市委书记工作交流会制度，完善县（市、区）委书记工作交流会制度，在互比互学中传导责任压力、推进工作落实。浙江省创建县委书记工作交流会制度，搭建省委工作直接抓到县级的大平台。每季度召开一次县（市、区）委书记工作交流会，介绍抓党建、强班子、带队伍、打硬仗的经验，每年宣传表彰20个左右抓基层工作成效明显的先进县（市、区），大力提拔党建抓得好、工作实绩突出的县（市、区）委书记。工作交流会利用工作日晚上召开，发言对象的选择完全根据工作业绩确定，不搞平衡照顾，干得好的可以多次发言。

浙江省委的探索就是让能干事者有机会、干成事者有舞台，坚持崇尚实干，重用实绩突出、特别优秀的党政正职尤其是县（市、区）委书记。这就要求组织部门知人善任，激励干部提振精气神、锐意进取、奋勇争先。

四　把年轻干部选派到关键岗位锻炼

古往今来各种优秀人才尤其是领导人才，大多是经过长期的锻炼以及艰苦环境的磨炼和考验才成长起来的。浙江省在实践中，把一些年轻干部安排到位置偏远、条件艰苦、重点任务、关键岗位去工作，一方面让年轻干部在情况复杂、任务繁重的建设一线搏击风浪，增强从政治上正确判断形势和把握大局，善于在复杂条件下开展工作的能力；另一方面使其听从党和人民的呼唤，在困难中实干奉献，把全部身心投入到党和人民的事业之中。

实践是提升素质的最佳课堂，岗位是磨砺才干的重要平台。近年来，浙江省有意识地把素质较好、发展潜力较大的新提拔起来的年轻领导干部放到乡（镇）党委书记、乡（镇）长或放到二级、三级机构主要领导岗位上，让其在实践中增长才干。另外，还把基层一线作为培养锻炼年轻干部的主阵地，注重在完成急难险重任务中锻炼提高年轻干部，把多岗位锻炼作为培养年轻干部的重要举措，把共同富裕示范区建设重点工作作为检验、培养、锻炼年轻干部的大平台。

根据年轻干部素质结构状况和培养方向，按照缺什么补什么的要求，注重增强干部培养锻炼的针对性，有的放矢地抓好关键领导岗位干部的素质"补差"。尤其有意识地多培养一些具备机关和关键岗位经历的领导人才。采取定期考核和经常性考察了解相结合的办法，及时、准确地掌握关键领导岗位干部的发展变化情况，特别是要看其能力素质提高情况，以及个人在班子和经济社会建设中发挥作用的情况。坚决防止干部把实践锻炼当成"镀金"，把关键领导岗位当成提拔的"跳板"，而是激励他们努力提高为人民掌好权用好权的本领，自觉把个人的工作与民生福祉紧密地联系在一起，利用关键岗位的全局性、重要性、特殊性，勇于在"急、难、险、苦"的环境中提高能力、增强本领。

把关键领导岗位上的干部的培养放在优先位置。对关键领导岗位坚持选配与优化、培养与使用、保留与盘活并重，以提高人才资源的使用效益。干部提升使用注重向关键领导岗位倾斜，把关键领导岗位经历作为干部提升任职的资格条件。结合实际状况，明确关键领导岗位上的干部提升保持在适当比例范围。

关键领导岗位在一个单位或部门中居于核心和主导地位，不仅对党的事业和队伍建设负有重大责任，更对本单位或部门的全局工作负有第一位的责任。相对一般领导岗位而言，关键领导岗位对于培养锻炼干部有着无可替代的重要作用，关键岗位的职责地位既是每个年轻干部实施有效领导和指挥的资格基础，也是砥砺干部自觉成才的重要平台。浙江省委长远的眼光和独到的视角，审视关键领导岗位培养锻造人才的特殊功效，把年轻干部放到重要岗位来培养历练，不断提高他们履行岗位职责的管理能力和业务水平，提高宏观决策能力、统揽全局能力、组织协调能力、处理突发事件能力和抵御各种风险能力这五大能力，使其真正成为能够担当重任、经得起各种风浪考验的栋梁之材。

第五章　科技赋能提升共同富裕的智治能力

　　与时俱进、勇立潮头，始终适应时代要求推进党的自身建设，不断以伟大的自我革命推动社会革命，是我们党能够永葆先进性和生命力的重要根源。当前，世界百年未有之大变局加速演进，中华民族伟大复兴进入关键时期。在时代大变迁中，以物联网、区块链、人工智能等为代表的新科技革命仍在加速发展。信息化、数字化和智能化是当今世界的趋势所在，数字化浪潮在深刻改变社会结构的同时，也正在形塑新的政治生活和政党政治。如何适应这种新形势推进党的建设新的伟大工程，已经成为我们党在新的历史时期面临的一项重要考验，也是推动经济社会实现新发展、新跨越乃至迈向共同富裕过程中，必须跨过的重大门槛。

　　近年来，浙江省作为数字经济大省、科技创新大省，将科技赋能、创新党政智治作为推动经济社会发展、提升社会整体治理水平的重要举措。浙江省第十五次党代会报告在谈到过去五年成就时，将"党建统领整体智治体系加快形成"作为其中重要内容之一。在奋进"两个先行"的新征程中，坚持高质量发展建设共同富裕示范区的数字化引领，已经成为浙江坚定不移的重要方针。

第一节 积极探索数字党建新模式,以党建工作提档升级推动高质量发展

随着信息技术的发展,数字经济、数字政府等概念已经广为流传,深刻改变了经济社会发展进程和国家治理实践。在这种背景下,党的建设如何适应信息化时代的要求、加强数字党建工作,已经成为一个十分重要的新兴议题。① 在这方面,浙江省通过先行先试走在了前列。在数字党建领域的探索尝试,对浙江省加强和改善党的领导起到了十分有益的作用,也促进了浙江省的高质量发展,并在建设共同富裕示范区的时代进程中继续发挥着积极的正面溢出效应。

一 数字党建的特色与优势

近年来,浙江省始终从"三个地"即中国革命红船起航地、改革开放先行地、习近平新时代中国特色社会主义思想重要萌发地的政治自觉出发,坚持经济社会发展到哪里,党的组织和工作就延伸和覆盖到哪里,党建工作的方法和形式也不断推陈出新、与时俱进。总体来看,浙江省在数字党建领域的积极探索、先行先试,成为新时代党建工作创新的重要典范。那么,浙江省为何高度重视数字党建工作?这首先要从数字党建自身的特色与优势说起。

习近平总书记在多个场合反复强调,互联网是我们面临的"最大变量",如果党过不了互联网这一关,就过不了长期执政这一关。② 党的十九大报告和二十大报告将加快建设"数字中国"作为适应数字时代发展的重要路径,要求全党要"善于运用互联网技术和信息化手段开展工作"以全面增强执政本领。显然,数字政党建设是数

---

① 徐彬等:《数字党建:数字管党的理论与实践》,浙江人民出版社2021年版,第1—2页。

② 《习近平关于网络强国论述摘编》,中央文献出版社2021年版,第3页。

字中国建设的题中之义，合理利用信息化、数字化和智能化的技术优势是政党数字化建设的主要诉求，推动数字技术与党建工作的深度融合，构建数字建党、数字管党的创新平台，有利于全面盘活党建资源、科学管理党员队伍、不断增进党群关系。可以说，党建数字化是党顺应数字时代的必然选择，也是技术赋能新时代党的建设伟大自我革命、提升党的领导力的重要路径。[①]

数字党建是在现代计算机、网络通信等技术支撑下，组织部门管党治党的重要形式，具有阵地平台化、方法智能化、组织矩阵化、制度集成化、思想可视化、功能模块化、作风可溯化等突出优势，是新的历史时期推进党政智治必须着重加强的党建工作新形式、新载体。[②]

随着数据技术的不断发展，数据呈现、数据分析、数据还原等技术手段在党建领域得到了越来越广泛的运用，为党建工作提供了新的技术手段和可能性。比如，宣传工作是我们党的优良传统和政治优势。党建宣传平台是党建工作的展示窗口，主要是用以展示各级党组织的工作动态以及党建的工作内容和资讯。由于技术手段的限制，传统的党建宣传平台在内容展示时往往难以进行精细化分类，更新也不够及时；在功能覆盖上，在一定时间内往往只能集中于某些方面，难以面面俱到。再如，在传统党建工作模式之下，党员基本信息统计等工作不仅耗时费力、消耗大量党务工作者的时间精力，而且难以做到精确，数据的横向、纵向联通也存在诸多障碍；由于缺乏翔实精确的数据支撑，党员管理等工作难以做到精细化。针对上述问题，数字党建凭借其自身优势，使党建宣传和相关工作开展时，能够做到内容全覆盖、形式多元化；大量的新功能模块与传统宣传展示方式有效结合，以矩阵化、可视化的新形式极大地丰富了

---

① 胡忠昭：《数字化与党的领导力》，中共中央党校出版社2022年版，第二章相关内容。

② 徐彬等：《数字党建：数字管党的理论与实践》，浙江人民出版社2021年版，第1—2页。

党建宣传的内容和形式，提升了宣传工作的全面性和多样性，也有利于加强党组织的战斗力、组织力；通过党建数据的图形化，能够构建党建可视化的整套系统，从而将党建工作化虚为实，便于查找党建工作中存在的问题和薄弱环节，有针对性地扬长避短，激发党建工作活力。

数字党建能够推动传统党建在新形势下实现内容聚焦和形式创新。传统党建工作需要面对内容广泛而琐碎的诸多事务，很容易陷入"事务主义"。党务工作者的时间、精力被大量消耗于统计、做表格、处理日常事务等技术性工作之中，难以抽身从整体上思考党建领域的深层问题；工作成效难以客观度量和检验，导致不少党务工作者平时工作繁忙，却仍会感到获得感、成效感不足。在发挥数字化优势的基础上推进数字管党工作，能够把党务工作者从繁重琐碎的日常事务中解放出来，拿出更多的时间和精力思考、研究、发现、解决党建工作的深层问题，推动党建工作在与时俱进的基础上增强时效性。

数字党建还有助于在新形势下推动党建工作规范化、制度化。在新时代贯彻落实习近平总书记系列重要讲话精神、推进全面从严治党，必须大力推进党组织政治核心作用的有效发挥，增强党的全面领导的组织化、制度化、具体化。信息技术的发展使数字党建能够成为推动党建工作规范化和制度化的有效形式。以数字化、模块化、可视化的方式把党组织的机构设置、职责分工、工作任务纳入各级党组织和各单位各部门的管理体制、管理制度、工作规范之中，规范基层党组织的工作职责、改进党建工作的方式方法等，已经成为经过实践检验、行之有效的做法。当然，数字党建只是党建在数字化时代与时俱进的形态更新，不断升级数字技术的数字化新形态，最终目的是进一步发挥党组织的政治核心作用和战斗堡垒作用，让党建工作在数字时代干在实处、走在前列。

数字党建是一个系统构建、整体推进的过程，不仅需要数字技术的支撑，还需要不同部门的流程再造、组织结构的调整重塑与之相互匹配。从组织结构重塑来看，需要树立"整体政党"的理念，将不同条线、不同层级的党组织相关业务进行有机整合，建立扁平化、网络化和矩阵化等多种形态并存的组织结构，盘活政党的整体性资源，从区域化党建逐步走向"全域党建"。从部门流程再造看，贴合管党治党的现实需要，设计"全生命周期"的党员管理路径，从申请入党到成为正式党员，从普通党员到成为党员干部，用电子档案记录党员个人的成长路径，实现党员信息的有效衔接。流程再造、组织重塑均需建立在数据共享的基础之上。比如，组织人事部门、纪检部门、公务员管理部门的相关数据需要实现共享，以实现对党员个人成长的全过程考察。此外，随着党员个人组织关系变动，数据能够实现全域对接，即不同省份地域之间、不同层级之间均能有效实现共享。一方面，要求建立全域自由流动的信息共享机制，另一方面，对系统和信息安全、信息共享权限等提出更高的要求。综合来看，数字党建工作是一项系统性、整体性工程，未来仍有许多可探索的空间，而浙江省在数字党建领域的先行先试，是数字文明时代浙江在省域层面加强党的全面领导作出的积极探索。

那么，数字党建何以能对共同富裕发挥引领和促进作用？有学者指出，"贫富分化不只是经济问题，更是社会问题和政治问题；相应地，缩小贫富差距、推动共同富裕蕴含着加强和创新社会治理的要求。加强和创新社会治理可以降低社会成本，有助于降低、减少社会冲突与危机"。[①] 网络化、信息化、数字化日趋成熟的当今时代，对于党全面领导下的中国而言，党建与数字的结合是创新社会治理最根本的保障。概而言之，从浙江省推进共同富裕的实践来看，数字党建对共同富裕的引领和促进作用体现在以下多个方面：党建能够引领数字经济的发展；提升治理的现代化、整体化和智能化水平，

---

① 郁建兴、任杰：《共同富裕的理论内涵与政策议程》，《政治学研究》2021年第3期。

引导产业发展、乡村和城市治理并推进创新驱动；有助于跨越"数字鸿沟"，为共同富裕示范区建设提供动力支撑。

二　浙江省数字经济的发展与数字党建的兴起

浙江省是中国改革开放的先发地，也是中国数字经济发展的一个缩影。近年来，浙江省委、省政府更是将数字经济作为"一号工程"，在国家信息经济示范省的基础上，全力建设国家数字经济示范省，数字经济发展不断取得新跨越，数字经济之光愈发明亮。[①] 在此过程中，浙江省对数字党建工作的探索实践也走在了前列，不少地市通过数字赋能为党建工作增添了"智慧底色"。"数字赋能党建创新"与"党建引领数字发展"形成了良性互动，为浙江省建设展示中国特色社会主义优越性"重要窗口"做出了独特贡献。

在浙江省改革开放四十多年的历程中，涌现出诸多行动先于思考、实践领先理论的案例，在数字党建领域的探索也存在这种情况。浙江省是数字经济大省，也是数字党建的先行省份。近年来，浙江省特别是作为"数字之城"的杭州市在数字党建研发机构创建、平台开发、推广运用等方面先行先试，取得了突出成绩。其中，总部位于杭州市的阿里巴巴集团利用自己在云计算等领域的全球领先优势，在数字党建平台开发方面更是走在了全国前列，对浙江省数字党建的发展也起到了重大的推动作用。比如，阿里钉钉积极响应党的号召，按照党章的最新规定和新时代党员队伍管理的新要求，采用阿里巴巴世界领先的互联网信息技术，打造了"云上党建"系统。在智能移动办公时代，"云上党建"为党员队伍管理手段创新提供了全新的思路和解决方案。

浙江省还成立了诸多数字党建研究、开发和推广机构。比如，由《非公有制企业党建》杂志、浙大公共管理学院等多家单位联袂共建

[①] 洪恒飞、江耘：《深入实施"一号工程"浙江抢占数字经济制高点》，《科技日报》2022年7月21日第5版。

的"杭州数字党建研习院",近年来在数字党建理论研究、样本打造、产品提供、场景呈现和教育培训平台搭建方面进行了有益探索,打造"五位一体"的数字党建复合型组织。浙江省诸多的数字党建研究、开发和推广机构在推动数字党建发展的同时,还积极参与到助力乡村振兴和推动共同富裕的伟大实践中,对于近年来全面脱贫攻坚目标的实现,以及当前的共同富裕示范区建设,都发挥了积极的推动作用。

有学者指出,数字党建高质量发展有赖于党建数字化科学推进,但在这个过程中存在数字技术对党建"既增强又削弱""既建构又解构"等现实困境。[1]浙江省诸多数字党建技术开发与研究机构,在自觉运用先进技术加强和改进党的建设、消解技术对党建带来的挑战方面不断探索,取得了显著成绩,也仍然面临着不少有待解决的旧难题和新课题。党的二十大报告提出了建设"数字中国"的重要目标以及"数字贸易""教育数字化"等重要概念,强调"实施国家文化数字化战略""加快发展数字经济,促进数字经济和实体经济深度融合,打造具有国际竞争力的数字产业集群"。这表明进一步发展数字经济仍然是我国的重要发展目标,而建设涵盖经济、社会、文化等诸多领域的"数字中国",也已经开启了新征程。

三 数字党建助力浙江省高质量发展

在实施数字经济"一号工程"、争创国家数字经济示范省的征程中,必须打造与浙江"三个地"相适应的数字党建平台,并基于数字党建平台大力加强党员教育管理,推动浙江省党的建设与数字强省建设齐头并进。"数字赋能党建创新"与"党建引领数字发展"形成了良性互动,为浙江高质量发展做出了独特贡献。

---

[1] 孙林:《数字党建中的数字化困境及其破解路径》,《中国井冈山干部学院学报》2022年第4期。

在浙江省，党建引领不是一个抽象的口号，而是被落实为具象化、可量化、可评价的指标体系。近年来，省委、省政府建立健全以年度评估为标志的"八八战略"抓落实机制，成为推动党建建立具象化、可量化、可评价指标体系的突出案例。

习近平总书记在浙江省工作期间创造性地提出了"八八战略"，不仅从理论高度系统总结了浙江省经济社会发展蕴含的内在优势，而且紧密结合实际提出了具体的目标、方向和举措，为浙江省更高水平的开放发展擘画了雄伟蓝图。多年来，浙江省历届省委、省政府坚持"一张蓝图绘到底"，始终将贯彻落实"八八战略"作为推动浙江省发展的重要战略指引。2020年，浙江省委开始部署实施一项具有全局性牵动性、开创性的工作，决定建立健全以年度评估为标志的"八八战略"抓落实机制。这项工作的主要目的在于构建体系化、全贯通、可衡量、闭环式的"八八战略"抓落实长效机制，推动"八八战略"形成"理论付诸实践、实践上升到理论、再付诸实践"的迭代深化和螺旋上升，推动习近平新时代中国特色社会主义思想在浙江的生动实践取得更大的成果。

构建以年度评估为标志的"八八战略"抓落实机制是一项复杂的系统工程，主要包括综合评估、年度重点工作抓落实、重要成果运用和转化三个环节。浙江省委、省政府围绕这三个环节，积极构建"八八战略"抓落实三大机制。一是构建完善体系化、集成化、规范化的评估机制，建立健全"八八战略"评估框架和指标体系，建立省、市、县三级联动评估体系，统筹推进省级评估与市县评估。二是构建年度重点工作抓落实机制，对省委、省政府年度重点工作目标进行量化细化，建立健全每项任务责任链和工作链，加强对决策落实过程的跟踪督促、分析评价。三是构建重要成果运用和转化机制，建立评估报告年度发布制度，精心组织召开省委新闻发布会，联动中央和省级主流媒体，省、市、县三级政务新媒体，打造评估报告立体发布体系，形成强大的正面效应。①

在2021年"八八战略"年度评估工作中，共同富裕示范区和数字化改革被作为重要内容进行评估分析。一方面，坚决做到"总书记有号令、党中央有部署，浙江见行动"的内在要求。高质量发展建设共同富裕示范区是习近平总书记亲自谋划和部署推动的重大战略决策，是党中央赋予浙江省的光荣使命，实际上要求浙江省在推进以人为本的现代化、推动发展成果由全体人民共享方面发挥先行和示范作用。数字化改革是全面深化改革和推进数字中国建设的创新性举措，是"数字浙江"建设的深化，是推进共同富裕先行和省域现代化先行的"桥"和"船"。这两项工作关系"国之大者"，体现浙江省使命担当。开展年度评估有利于形成量化闭环抓落实机制，建立健全双向激励机制，更好地扛起先行探路者责任。

浙江省各级党委、政府积极发挥"总揽全局、协调各方"的作用，通过贯彻党对数字经济发展的全面领导、加强数字党建等举措，有效推动了浙江省数字经济的发展。近年来，杭州市、宁波市这两座全国大型城市的数字经济发展尤为迅速，演绎着推动浙江高质量发展的"双城记"。如果说让无数文人墨客吟咏兴叹的西湖是杭州市作为历史名城的象征，数字经济则在很大程度上是现代杭州的重要标志。"全球移动支付之城""云计算之城""人工智能之城"建设的持续推进，不仅将数字资源转变成了这座历史文化名城产业筑梦的新蓝海，也推动了杭州市在数字化、信息化、智能化时代更高水平的开放发展。宁波市委、市政府也高度重视数字经济发展，大力实施"科技兴企""数字化引领"战略，着力推动核心产业培育、产业数字赋能、平台引进培育、数字治理提升、生态创新优化，取得了显著成效，数字经济核心产业增加值连续多年快速增长。杭州市、

---

① 《省委举行新闻发布会介绍建立"八八战略"实施综合评估报告机制，通报2020年度"八八战略"实施情况，黄建发作主题发布并答记者问》，《浙江日报》2021年7月16日。

宁波市这类大城市数字经济的快速发展，也对浙江全省域的高质量发展发挥了明显的带动作用。

四 数字党建助力浙江省共同富裕先行省建设

有学者指出，数字技术发展和数字应用对共同富裕来说具有"双刃剑"效应，"数字赋权"并不必然推动社会平等，还有可能加剧"数字分层"，扩大群体分化，从而背离共同富裕诉求，因而，推动高质量发展和共同富裕既要通过数字赋能提升社会治理整体能力和水平，又要通过政府兜底，对那些享受数字化发展成果存在困难的群体，提供帮助和备选方案。[1] 在浙江省"数字化"与"党建"的结合，让党建有效引领、框定了数字化的发展方向，限制了数字化对共同富裕可能造成的负面效应。浙江省党建工作在长期实践中形成的诸多品牌和工作模式，在适应数字化时代的同时发挥着重要作用。

"市场化党建""契约化党建""后陈经验""导师帮带制""浙江村社换届经验做法20条""民情日记"……浙江省在党建领域的诸多先行先试，让"党建创新看浙江、党建高地在浙江"不仅是浙江省锚定的目标、一句媒体口号，也已经成为浙江省善于通过党建创新引领省域发展的真实写照。

"数字党建"不只是党建工作"上网"或通过数字化丰富党建工作形式，它还在很大程度上再造了党建工作流程，重塑了长期形成的很多党建好做法、好经验，从而实现了党建工作的迭代升级。在这方面，发端于浙江省嵊州市的"民情日记"在数字化改革中实现跃变升级、有效助力共同富裕的案例，具有一定的典型性。

以"串百家门、知百家情、解百家难、连百家心、办百家事、致百家富"为主要内容的"民情日记"，是20世纪90年代起源于嵊

---

[1] 郁建兴、任杰：《共同富裕的理论内涵与政策议程》，《政治学研究》2021年第3期。

州市的一项联系服务群众、密切党群干群关系的创新举措，后逐步在全省推广并长期被全国不少地方学习和借鉴。时任浙江省委书记的习近平同志对"民情日记"工作给予高度评价并作出重要指示。多年来，嵊州市干部群众牢记嘱托、奋进创新，在传承和发展"民情日记"精神内涵的同时，不断赋予其新的时代特征和外在形式。

嵊州市始终沿着习近平总书记指引的方向，在过去十多年间创新推出"民情微群""民情墙弄""民情脚印""企情日记"等适合时代和实际需要的"民情日记"新形态，并将始于乡村的"民情日记"拓展到全市域，实现了乡村、社区、企业的"全覆盖"。近年来，嵊州市以数字化改革为契机，坚持数字赋能，系统性重塑了集"理论研究体系""干部培训体系""工作推进体系""决策治理体系""干部多维评价体系"于一体的"民情日记"线上线下工作体系；积极组织开展"民情周"集中走访等活动，实现了党员干部下沉服务全周期闭环管理。

嵊州市通过"浙里民情"数字驾驶舱，对苗头隐患提前分析预警，实现问题源头化解；以"浙里民情"数据库为依托，通过民情议事会分析高频数据，提炼基层治理共性问题，从"解决一件事"升格为"解决一类事"，从服务"个体"拓展为服务"大众"；依托"浙里民情"多跨协同功能，做到事件分析比对可视化、问题上报办结动态化、平台流转交办数字化、事件处置考评闭环化，实现了党建网、治理网、数字网"三网融合"。

创新"四大场景"和"数据化/标签化管理"，不断提升为民服务的精准化程度。近年来，嵊州市建立了"党建统领、产业兴旺、治理有效、乡风文明、生态宜居、生活富裕"六维评价体系，全景掌握干部基层治理工作实效；积极打造"访民舍记民情、想民心议民事、解民难帮民富、强基富乐指数"四大实战场景；打通民政、住建、农业农村等部门数据，制定党员、退役军人、低保户、"一老一小"等家庭和个人标签，党员干部带着数据、依托"标签"上门走访，为困难群众提供精准服务。

记录和解决群众家常事的"民情日记"，涉及的事务和问题当然是综合的、方方面面的。尽管如此，其内容侧重和主要议程仍会反映时代特征，突出体现党委政府的中心工作。在浙江省奋力推进中国特色社会主义共同富裕先行和省域现代化先行"两个先行"的背景下，以嵊州市为代表的数字化、时代化、升级版的"民情日记"模式品牌，着重围绕提升基层治理现代化水平、促进共同富裕开展工作，强调做好汇聚党员干部力量的"富民日记""共富日记"，在落实"解民难、帮民富"的时代议程取得了显著成绩。

浙江省其他知名经验还包括"枫桥经验""后陈经验""驻村指导员""民情地图""契约化党建"等。在数字党建工作的引领下，浙江省这些宝贵传统经验在数字化时代焕发出新的生机，各美其美、美美与共，对浙江省新时代推动"以人民为中心"的高质量发展和实现共同富裕起到了明显的推动作用。

第二节 多点发力加强整体智治，探索助推共同富裕的社会治理新格局

在现代工业技术特别是信息技术、"互联网思维"的推动下，科技赋能理念、数字化理念、智慧化理念不断向各行业、各领域渗透和扩散，推动着治理模式、方法及治理技术手段不断迭代升级。从客观环境来说，国家治理和社会治理的具体工作模式不可避免地要受到这种新技术、新治理理念和新的思维模式的影响；从主观能动性发挥的角度看，无论是实现治理现代化，还是加强和改进党的全面领导、提升各级党委政府的治理成效，必须善于吸收和借鉴包括数字化在内的时代新元素。

浙江省推进共同富裕示范区建设，既涉及如何通过提升治理水平实现高质量发展的问题，又涉及如何利用现代治理手段更好维护公

平正义、调节收入分配、让人民群众更加普惠和均衡地共享改革发展成果的问题。近年来,浙江省委、省政府积极谋划,不断提升整体治理、智慧治理、技术治理水平,不断探索助推共同富裕的社会治理新格局,整体智治水平得到显著提升。

一 整体政府理论及其中国实践

国家治理包含政府治理、社会治理与市场治理等重要领域。其中,政府治理关联着其他多种治理环节,因而是最重要的一环。当然,在政党政治成为现代政治主要形式的当代世界,广义的政府实际上包含政党的角色和作用,特别是在中国特色社会主义民主制度下,党的全面领导是政府朝着正确方向不断前进、有序运行的关键保障,因而广义的政府治理可以理解为在党的全面领导之下党委政府的协调治理。政府在市场经济中的角色问题一直是经济学领域争论不休的话题。即便是满足于政府充当"守夜人"、主张最大限度限制政府权力的自由派经济学者,也不得不承认政府这只"看得见的手"对经济社会发展的巨大影响。在中国改革开放的宏伟历史进程中,政府的作用经历了一个"从总体支配到技术治理"的渐进式转变过程。[1] 在这一普遍性的历史转型过程中,浙江省地方政府走在了前列。

自20世纪90年代起,全球化的发展使得政府面对的事务越来越需要"一揽子"的整体解决方案,整体政府理论随之兴起。1997年,英国学者佩里·希克斯在《整体政府》一书中较早系统提出了"整体政府"的概念,并在随后出版的系列学术论著中对该理论进行了系统阐述。[2] 作为一种新的治理范式,整体政府强调跨部门协作,以便解决新公共管理理论和技术化治理导致的碎片化问题。

---

[1] 渠敬东、周飞舟、应星:《从总体支配到技术治理——基于中国30年改革经验的社会学分析》,《中国社会科学》2009年第6期。
[2] 王伟玲:《我国数字政府顶层设计的理念辨析与实践指向》,《行政管理改革》2021年第6期。

整体政府理论契合了中国国家治理传统和中国人的思维方式。"多元和合"是中国思维的显著特点，或者正如一些学者所指出的是"中国哲学的根本"①。"多元和合"思维契合了现代治理所强调的多元主体协同的目标，拓展了国家治理的空间和维度。比如，在坚持依法治国与以德治国有机统一的基础上，我国一些地方在乡村治理实践中探索形成了"法治为要、德治为基、自治为本"的"三治融合"治理模式，塑造了地方基层治理的新模式。② 还有一些观点指出，政治引领、法治保障、德治教化、自治强基、智治支撑的"五治"，是中国特色社会主义国家治理之路的实践结晶，已经成为新时代我国推进国家治理现代化的基本方式。③ 无论是"三治"的有效融合还是"五治"的协调推进，都是"多元和合"思维在我国国家治理实践中的体现，也展现着一种开放的国家建构理念。

浙江省委十四届七次全会把深化政府数字化转型、建设"整体智治、唯实惟先"现代政府的目标写进了全会决议。作为一种治理理念或治理形态，"整体智治"致力于实现"智慧化"治理。具体而言，是指政府或公共管理部门通过数字技术赋能手段，实现治理理念、机制、手段、方法等方面的系统性创新重塑。在推进党政智治的具体实践中，浙江省非常注重将党建引领、系统集成、高效协同、整体推进的改革方法论和数字化治理理念贯彻到治理实践和政府改革的全过程，强调通过数字化改革形成体制更加完善、机制更加健全的省域治理体系，从"制度""治理""智慧"三个维度推动省域治理水平和能力的提升。

二 党建引领下的浙江省整体智治体系建设

习近平总书记强调，要运用大数据提升国家治理的现代化水平，

---

① 罗安宪：《多元和合是中国哲学的根本》，《中国人民大学学报》2019年第3期。
② 王文彬：《自觉、规则与文化：构建"三治融合"的乡村治理体系》，《社会主义研究》2019年第1期。
③ 陈一新：《"五治"是推进国家治理现代化的基本方式》，《求是》2020年第3期。

在建立健全大数据辅助科学决策和社会治理机制的基础上，推进政府管理和社会治理模式创新，实现政府决策科学化、社会治理精准化、公共服务高效化。① 在贯彻落实习近平总书记上述要求方面，浙江省委、省政府大力提升党政智治的系列举措和探索实践，在全国层面走在了前列，提供了一个突出案例。

（一）按照整体智治要求整合数字政府组织架构

建设整体智治政府意味着提高政府的高效协同能力和智慧化程度，实现从传统金字塔形的组织结构向扁平化、网络状的组织结构转变，必然涉及对政府组织结构的重构。近年来，浙江省持续推进以市场有效、政府有为、群众有感为导向的数字政府建设，以"最多跑一次改革""数字化改革"为契机，按照数字化、智慧化、整体智治的要求，对省域及各地市的行政服务中心等办事部门的行政窗口进行整合，将一些功能相似的部门或组织进行合并整合，从而减少了行政管理层次。这些改革不仅提高了政府服务群众的工作效率，提升了人民群众的幸福感、获得感、安全感，对共同富裕进程起到了加速和赋能的作用。② 整合后的部门化组织在信息共享、业务协同的基础上，共同为公众提供公共服务，在提高行政效率、减少行政成本的同时，实现部门结构向扁平化方向转变。具体来说，在全面梳理权力事项清单的基础上，浙江省的行政服务中心等职能部门设置了综合受理窗口，并通过梳理权力事项把多数审批事项纳入"一窗受理"范畴。受理审批业务集中有利于消除政府职能部门碎片化问题，加强政府对外服务的整体性。

（二）以整体智治消除基层"数据烟囱"

近年来，随着数字技术和各种"云平台""APP""小程序"的不断迭代更新，计算机和互联网技术渗入到社会生活的方方面面，

---

① 《习近平在中共中央政治局第二次集体学习时强调 审时度势精心谋划超前布局力争主动 实施国家大数据战略加快建设数字中国》，《人民日报》2017年12月10日。

② 范瑞光、赵军锋：《赋能共同富裕的数字政府治理：结构、过程与功能——基于浙江经验的考察》，《电子政务》2022年第10期。

并对党政治理产生了深刻影响。在政务线上办公系统快速发展的同时，由于数据标准化建设不到位、政府在推进政务数字化过程中一哄而上等复杂原因，各基层部门手中的信息数据往往封闭在各自封闭独立、互不联通的系统中。这些极有价值的数据只提供给本部门使用，相关部门常以数据敏感度高、接口不匹配等原因，拒绝共享给其他部门使用。信息化系统无法跨部门、跨地区联通，让海量的政务数据被分割为大量封闭的"自循环"系统，形成了一个个的"数据烟囱"，无法发挥其应有的便民、利民作用。"数据烟囱"不仅会因为重复建设浪费政务公共资源，也严重地阻碍了政府和民众之间的互通协同，因而已经成为我国治理现代化进程中需要着力破解的问题。

在整体智治理念的指引下，浙江省积极统筹推动数字技术应用和制度创新，在打破信息孤岛、拔除"数据烟囱"方面作出了有益探索。从推进政府数字化转型、整合各类线上办公平台的目标出发，浙江省大数据局联合阿里巴巴启动了"浙政钉"项目并不断推动其功能完善和迭代升级。"浙政钉"打破了各类"数据烟囱"各自"冒烟"、各行其是的局面，让浙江省实现了"掌上办公之省"的工作目标。

（三）大力推进"一件事"改革

"最多跑一次"改革发端于浙江省，通过数据整合等举措让人民群众"少跑腿""好办事"，在全省乃至全国引发了广泛反响。这些改革规范了政府行为、优化了政府职能。按照一些学者的概括，这项"浙江经验"提出突破政府中心主义的"中国方案"，即"以民众为中心"的公共管理。[①] 在"最多跑一次"改革的基础上，浙江省不断在简政放权、数字赋能方面做文章，继续推动"一件事"改革。

"一件事"是指一个办事事项或者可以一次性提交申请材料的相

---

① 郁建兴等：《"最多跑一次"改革：浙江经验，中国方案》，中国人民大学出版社2019年版。

关联的多个办事事项。"最多跑一次"改革前期的重点，集中体现在政府对外公共服务领域，即通过政府部门多办事让群众少跑腿。当这样的目标基本实现后，对于浙江省这个改革先行省份而言，还需要用"最多跑一次"理念反观党政系统自身，推动面向机关事业单位广大工作人员的"最多跑一次"改革。这也是将改革进行到底、实现"最多跑一次"全覆盖的内在要求。一方面，"打铁还需自身硬"，"一件事"改革顺应了机构改革后新形势新要求，能够推动组织人事业务管理从多头分散走向集成集中，让机关事业单位在减负的同时提升工作效率。另一方面，统筹机关事业单位人员职业生涯的全周期管理，能够为广大党员干部提供更高质量、更加贴心的普惠式管理服务，为他们的工作生活和发展成长创造更好的条件。因而，这也是我们党关心关爱干部的表现，有助于打造高素质干部队伍。习近平总书记指出："真正实现社会和谐稳定、国家长治久安，还是要靠制度，靠我们在国家治理上的高超能力，靠高素质干部队伍"。[①] 这表明，制度建设、治理能力提升和打造高素质干部队伍是我们全面深化改革进程中存在紧密关联的三个重要命题。"一件事"改革同时展现了这三个重要命题的内在要求。

概而言之，"一件事"改革有效推动了政府的数字化转型；机关事业单位通过在内部管理中化繁为简、提质增效，实现了"自身硬"。这必然有助于拉动政府的整体化和智能化建设，进而进一步提升"浙江之治"的制度化和现代化水平。

三 "信用浙江"建设进入数字化、规范化、体系化的新阶段

诚信是基础性道德，是经济社会有序运转、生活正常运行的基本保障，也是"浙江精神"的重要组成部分；信用是衡量诚信的外在尺度。习近平总书记在浙江省工作时期指出，"我们一定要高度重视信用建设，努力打造'信用浙江'。打造'信用浙江'，就要进一步

[①] 《习近平谈治国理政》第1卷，外文出版社2018年版，第91页。

强化政府信用，提升企业信用，建立社会信用；就要进一步健全信用制度，强化信用监管，倡导信用文化，营造信用环境；就要以企业为主体，建立包括信用信息、信用评价、信用激励和失范惩罚机制在内的社会信用体系；就要充分发挥政府在信用建设中的表率作用，树立诚信的形象，建设'信用政府'"。①

习近平总书记在浙江工作期间提出建设"信用浙江"的重要目标，成为当前"信用中国"建设的重要蓝本，浙江省坚持"一张蓝图绘到底"，通过党建引领、数字化赋能、与时代任务和工作重新紧密结合等举措，围绕"531X"工程等工作目标持续深化"信用浙江"建设。浙江省各地市、各系统坚持科技赋能，久久为功、不断创新举措，构建起了较为系统完善的数字化、规范化、体系化的信用体系。在信用体系建设过程中，义乌市、温州市等地通过较早探索建立数字化信用体系，积累了典型经验，取得了尤为显著的成效。

（一）加强数字化信用体系建设

在"信用浙江"建设中，按照"党建引领、政府主导、市场运作"模式推进多元主体的信用共建共享成为一项重要经验。浙江省各地不断发挥党建引领作用，推动信用建设与现代治理有效融合，实现信用建设成果在新型市场运行和社会治理机制中从局部运用到整体嵌入的转型。浙江省不断加大信用产品的生产、推广和应用力度，逐步培育和规范了信用服务市场，建立起多层次的信用服务体系。进入新时代，浙江省充分发挥党建引领下市场和社会力量在信用建设中的能动作用，适应信用建设从局部推进走向整体协同的时代要求，信用建设在前期"串成线""连成块"的基础上，逐步进入"织成网"的体系化建设新阶段。

近年来，在推行党员积分制管理等举措的过程中，浙江省加强了对公安、法院、市场监管、银行等不同系统、不同单位掌握的个人信用信息进行采集和运用，通过整合大数据信息，不少地方建立起

---

① 习近平：《之江新语》，浙江人民出版社2007年版，第18页。

党员干部不良行为的有效预警系统。浙江省各地还在信用建设中不断加强"诚信牌"与"平安牌""法制牌"的联动。比如，在"平安浙江"和"法治政府"建设考核中增加了信用建设指标；义乌市等地将信用积分制创造性地运用到外来人口管理中，从而能够针对重点人群高效排查风险隐患，及时消除社会不稳定因素。

在打通数据壁垒的基础上，浙江省不少地方由"一网一中心四库"组成的公共联合征信平台已经全面实现了数字化管理，并通过"信用分全覆盖"有效整合了全渠道数据和外部数据。同时，不少地方还促进了信用建设手机客户端与网络平台的融合，建立起"双公示"、"黑名单"曝光、贸易预警以及电商信用查询等综合服务，信用建设的整体智治水平得到有效提升。

（二）让信用成为数字化时代的城市"通行证"

信用建设已经被创新运用到浙江省全面深化改革的各领域。比如，一些地市将信用应用与"最多跑一次"改革结合，创新实施了"信用+容缺信封"制度。对于符合信用要求的申请人，当申报材料不齐或存在缺陷时，办事工作人员先予收件或办理，同时向申请人发放"容缺信封"，事后再补寄材料。该举措既确保了审批程序和要求的严肃性，又体现了主动服务的灵活性，通过创新信用应用有效解决了群众办事"跑多趟"的问题。

在此基础上，浙江省不少地市聚焦提升群众的信用获得感，打造了就医"信用住院"、停车"信用抬杆"等系列"先享后付"应用场景；在申请用水、用电、用气等环节，对信用分符合要求者推行"先施工后缴费""免现场勘探""采购与设计并行"等快速服务举措。通过创新民生领域的"微应用"，全省初步建立起涵盖教育、就业、住房、养老、医保、社会救助等民生全领域的个人信用红利兑现渠道。浙江省不少地市在创新涵盖民生全领域"微应用"的同时，还实现了"信易批""信易游""信易贷""信易租"等信用成果的全行业多领域运用，从而有效释放了信用价值。

(三) 推进信用评价的大数据赋分和量化管理

近年来,浙江省以市场信用数据库为基础,逐步建立起分类科学、全面覆盖的社会信用体系数据库,进一步实现了信用数据的全覆盖。与此同时,还依托"浙政钉"等数字化平台,有效提升了信用评价管理的数据化、可视化和市场化程度,不断推进信用资源开发、共享和应用向现代化和精准化方向发展。在信用评价管理中,大数据赋分具有信息渠道广、准确性高的突出优势,在此基础上的量化管理有助于提升信用评价的客观性和应用时的便捷性。

(四) 坚持全方位、多维度释放信用价值和放大信用效用

在不断推进信用浙江建设的过程中,浙江省还加大了对信用信息归集共享、大数据评价方面的整体治理和综合应用,使信用资源得到更加高效的统筹管理和价值转化,进而以其不断反哺和赋能信用体系及信用社会建设。在市场领域,浙江省着力把信用打造成为重要生产要素,让信用成为经济发展的关键驱动力;在社会领域,围绕社会公众关心关注的领域和民生痛点,不断创新和丰富信用应用场景。

近年来,浙江省坚持以用促建,推进信用应用向包括党政系统自身在内的全领域拓展,实现信用应用与政务服务的高效联动,让信用成为促进社会资源优化配置的有效手段,最大限度地释放信用的价值。

四 整体智治为共同富裕夯实社会治理的基石

共同富裕不仅是物质富裕,还需要通过推进治理、增进社会和谐,不断提升广大人民群众的获得感、幸福感、安全感。浙江省通过党建引领下的整体智治体系建设为共同富裕夯实了社会治理基石。

近年来,"大综合一体化"执法监管数字应用率先在浙江各地逐步落地推广,以一网统管、一体联动、一键到底为导向的改革有效提升了社会治理的效率和效果。这一改革进程还与"信用浙江"建

设结合起来，在"信用一网通享"理念指导下，浙江省着力打造了"信用闭环"运转体系，形成了以信用为核心的新型审批监管机制，建立起信用全生命周期管理机制，使信用成为所有主体从出生到消亡的第二"身份证"。

首先，嵌入"一网通办"理念，"宽进"与"严管"并进，打造事前承诺审批闭环。在评估对象信用的基础上，按照"你承诺，我先批，事后审，失信惩"的思路，推进实施信用承诺审批制度，有效提升了行政审批效率。其次，嵌入"一网通管"理念，"他律"与"自律"并用，打造事中信用监管闭环。最后，嵌入"一网通服"理念，"政府"与"市场"并举，打造事后应用奖惩闭环。将信用作为市场主体或个人享受政府政策优惠和财政支持的重要依据，将信用平台全面嵌入全市办事业务系统，以行政领域应用带动信用在市场、社会、民生等领域应用，不断优化营商环境。

有的学者通过"结构—过程—功能"分析框架对浙江加强整体智治的实践进行考察，发现在科技赋能、数字赋能过程中，浙江的政府治理形成了多跨协同与扁平交互的结构逻辑、互构融合与流程再造的过程逻辑、机制重构与价值创造的功能逻辑。① 实践表明，创新党政智治的浙江实践有效推动了省域高质量发展、高效能治理，也改善了民生、提升了人民群众的生活品质。

第三节　科技赋能产业发展，把创新驱动作为促进共同富裕的关键支撑

改革开放以来，"科学技术是第一生产力"口号的提出极大地推动了我国生产力的发展。近年来，经济全球化遭遇到逆流，全球自由贸易体系、产业链体系也受到这种逆流的冲击。不过，以物联网、

---

① 范瑞光、赵军锋：《赋能共同富裕的数字政府治理：结构、过程与功能——基于浙江经验的考察》，《电子政务》2022 年第 10 期。

大数据、虚拟现实、人工智能、区块链、生物技术和石墨烯等新材料革命为代表的新一轮科技革命还在加速发展,支撑全球化不断向前的物质基础、技术基础仍然非常坚实。正如习近平总书记所指出的,"当今世界正经历百年未有之大变局,科技创新是其中一个关键变量"。[1] 在我国进入扎实推进共同富裕新历史阶段的时代背景下,如何进一步抓住科技创新这个"关键变量"仍是一个极为重要的问题。近年来,浙江省坚持科技赋能产业发展,始终把创新驱动作为高质量建设共同富裕示范区的关键支撑,形成了在高质量发展中不断创新、以不断创新引领高质量发展和共同富裕的良性互动。

一 国内外宏观环境变化与浙江省的创新驱动发展战略

浙江省地处我国对外开放前沿,也处在迎接国际形势变化带来的机遇与挑战的前沿。近年来,世界百年未有之大变局带来的国际后果集中凸显,我国面临的国际形势复杂演变,内部发展与外部变化同步激荡、相互交织,让地方参与国际合作和拓展全球市场面临着更加错综复杂、变乱交织的国际环境。

面对地方发展与国际环境之间的关联互动日益紧密的时代趋势,谋划浙江省发展必须从人类命运共同体的立场和观点出发,树立世界眼光和战略思维,坚持"跳出浙江发展浙江",统筹考虑和综合运用国际国内两个市场、国际国内两种资源、国际国内两类规则。

一方面,外部环境变迁会给浙江省发展带来较大压力。主张中美贸易乃至两国关系全面"脱钩"的力量潜滋暗长,贸易保护主义倾向持续抬头。总体严峻的贸易形势下不断出现新的摩擦和争端,对浙江省外向型经济发展形成了周期性冲击。西方国家特别是从特朗普到拜登治下的美国积极推行"产业回归""再工业化"战略,印度、越南等发展中国家也凭借成本优势,加速吸引劳动密集型产业

---

[1] 《深刻认识推进量子科技发展重大意义加强量子科技发展战略谋划和系统布局》,《人民日报》2020年10月18日。

转移，浙江省制造业面临更加激烈的国际竞争。

另一方面，外部形势在变得更加严峻的同时也不乏机遇。近年来，由大数据、物联网、区块链、生物技术、人工智能等新产业、新技术、新业态引领的新一轮科技革命和产业变革已经开启，汇聚着推动世界发展、引领新型全球化的强大势能。世界发展新旧动能转换进程在很大程度上决定着未来国际社会的面貌。浙江省能否抓住历史机遇，通过抢占竞争制高点、掌握发展主动权巩固和扩大自身在新一轮科技与产业革命中的优势，在很大程度上决定着浙江省在未来世界分工体系和全球产业链中的位置。这种宏观国际形势的变迁要求浙江省进一步提升世界眼光，增强在新技术革命中走在世界前列的意识，用国际先进标准来衡量和要求自己，积极利用世界发展新旧动能转换中孕育的浙江省机遇，加快培育竞争新优势。

浙江是一个明显偏向外向型经济的省份。哈佛大学著名的经济学家丹尼·罗德里克（Danny Roderick）指出，开放是现代经济发展的重要因素，但并非充要条件。[①] 特别是对于新兴经济体而言，当其国内经济发展到一定程度之后，如果缺乏与开放相配套的政策和制度安排，开放政策本身就会逐渐丧失其对经济发展的促进作用。因此，对于新兴经济体而言，制定有效的投资战略特别是创设相应的制度性安排，才能够让开放长期起作用。在构建新发展格局的背景下，浙江省除了畅通"以国内大循环为主体"的国内国际"双循环"以外，谋求"让开放起作用"，也必须积极修炼"内功"，积极实施创新驱动发展战略。

面对世界经济和国际贸易领域的新态势，浙江省按照习近平总书记在浙江工作期间提出的战略部署，主动把握内源式发展同开放型发展之间的辩证关系，以新时代积极参与"一带一路"为统领，积极解决好本土经济与外部经济特别是世界经济的"融合"问题。面

[①] ［美］丹尼·罗德里克：《新全球经济与发展中国家：让开放起作用》，王勇译，世界知识出版社2004年版。

对国际产业发展和分工格局出现的新趋势，浙江省在发展新兴经济的同时，必须把重塑实体经济竞争优势作为推动省域发展的紧迫任务。与此同时，作为外向型经济特征明显的省份，在构建"以国内大循环为主体，国内国际双循环相互促进"的新发展格局的时代背景下，必然需要降低对西方国家的贸易依存度，以创新驱动为内核提升应对外部风险的能力。

在这种时代背景下，浙江省近年来充分依托自身在制造业和数字经济等领域积累的优势，积极抢抓后"疫情时代"全球经济贸易结构调整中的隐藏机遇，以深入实施创新驱动发展战略、推动实体经济优化结构为抓手，积极在全球贸易链和产业链重塑的历史变迁中抢占有利位置，创新驱动在高质量发展中的作用日益显著。

建设共同富裕示范区绝不意味着停下发展的步伐、故步自封地忙于"切蛋糕"，也不能通过"先富"放慢步伐等"后富"来实现，更不能通过简单的"劫富济贫"、重搞"大锅饭"的方式来实现。发展是硬道理，更好、更均衡地发展是实现共同富裕的关键所在。面向未来，印太地区特别是太平洋西岸有潜力成为世界经济增长的关键引擎。浙江省地处太平洋西岸腹地，已经在新一轮科技革命中积累了一定的前期优势，有条件、有能力在我国陆海内外联动、东西双向互济的开放新格局中发挥桥头堡作用，也完全能够通过实施创新驱动发展战略为促进共同富裕提供关键支撑。

二 科技赋能乡村振兴、助力城乡和区域均衡发展

浙江省是全国城乡差距相对较小、城乡二元结构问题相对并不突出的省份。这表明浙江省建设共同富裕示范区具有较好的基础。但是，地区差距、城乡差距造成的问题在浙江不仅同样存在，而且也是较为复杂和多样的。

近年来，在浙江省科技赋能乡村振兴和共同富裕的多维路径中，

以科技发展和数字经济赋能共同富裕的案例不胜枚举。[①] 浙江省利用自身在数字技术领域的领先优势，积极构建了党建牵引型乡村复合治理新格局，[②] 在科技助力乡村振兴方面走在了全国前列。各具特色的电商村、淘宝村、"短视频基地"、"带货直播基地"、"数字加工厂"、"无人农场"等新生事物，在浙江省诸多乡村集中出现，且总能站在"风口"，乃至开全国风气之先。浙江省能够在相关领域干在实处，不只是靠数字技术的优势，更是靠各级党组织及时谋划、主动作为才得以实现的。通过数字经济、数字金融、"飞地"抱团模式以及产业联盟发展促进乡村振兴和城乡区域协调发展，也已经成为浙江省不少地市的普遍做法。[③]

浙江省在推进科技赋能乡村振兴过程中特别注重发挥企业集团的作用，促生了国有企业和民营企业共同发力的良性局面。比如，浙江移动开发了"集智兴村"数字乡村云平台，集成党建引领、疫情防控、村务公开以及家宴预订等35项标准化应用，有效提升了乡村在自我治理、推动产业发展和服务民众等方面的数字化能力。众多企业积极投身到乡村振兴和推动共同富裕的时代议程之中，在浙江省不同地区的乡村振兴、不同领域的共同发展以及浙江省域的共同富裕方面做出了突出贡献。

三 科技赋能城市治理现代化

2020年4月，习近平总书记在浙江省考察时参观了杭州城市大脑运营指挥中心，对智慧城市建设领域取得的成就给予了充分肯定。习近平总书记在此次参观考察中指出："运用大数据、云计算、区块

[①] 王史潇傲、包海波、马陈栋：《赋能乡村共同富裕的多维路径机制研究——以浙江为例》，《江南论坛》2022年第8期。

[②] 参见吴雯雯《构建党建牵引型乡村复合治理新格局》，博士学位论文，中共中央党校（国家行政学院），2019年，前三章相关论述。

[③] 王史潇傲、包海波、马陈栋：《赋能乡村共同富裕的多维路径机制研究——以浙江为例》，《江南论坛》2022年第8期。

链、人工智能等前沿技术推动城市管理手段、管理模式、管理理念创新，从数字化到智能化再到智慧化，让城市更聪明一些、更智慧一些，是推动城市治理体系和治理能力现代化的必由之路，前景广阔。"① 习近平总书记的重要论述，为推进城市治理体系和治理能力现代化提供了重要遵循。

城市数字治理及其从数字化走向智能化、智慧化是一项复杂的系统工程，需要统筹谋划。杭州和宁波两座大城市在这方面及时开展了积极探索。② 2016 年，杭州市率先启动城市大脑建设，开启了浙江省智慧城市建设的新篇章。城市大脑能够打造城市生活的数字化界面，极大提高城市治理的可视化、智慧化和现代化水平。经过五年左右的建设，在习近平总书记于 2020 年到浙江考察前后，杭州的城市大脑涵盖了公共交通、城市管理、卫生健康、基层治理等十一大系统 48 个应用场景，日均协同数据 1.2 亿条。近年来，浙江省不断探索和创新，从杭州、宁波之类的大城市到义乌、安吉一类的小县城，都在智慧城市建设领域勇闯新路、走在前列。在浙江省，运用城市大脑提升交通、文旅、卫健等系统治理能力已经成为不少城市，特别是杭州、宁波这样的大城市管理部门的工作日常，从"数字经济"到"数字党建""数字治堵""数字治城""数字治疫"，科技对城市治理现代化的赋能增效作用已经渗入到了方方面面。

在推动智慧城市建设进程中，浙江省还将提升城市数字治理水平与发端于浙江的"枫桥经验""网格化管理，组团式服务等"等治理方式结合起来，从而让公共服务更好地覆盖城市的每个角落、各个群体，这完全契合了浙江实现治理现代化和共同富裕"两个先行"的重要目标。在考察了浙江省智慧城市建设实践的基础上，有学者指出："通过城市大脑，市民可以更好地触摸城市脉搏、感受城市温

---

① 《统筹推进疫情防控和经济社会发展工作 奋力实现今年经济社会发展目标任务》，《人民日报》2020 年 4 月 2 日。
② 董幼鸿、石晋昕：《城市治理数字化：探索、反思与愿景》，上海人民出版社 2022 年版。

度、享受城市服务。城市管理者也可以依托城市大脑，合理配置公共资源，作出科学决策，提高城市治理效能。"①

四　创新驱动为共同富裕提供关键支撑

如果说"让一部分人一部分地区先富起来"，强调的是通过"先富"的示范和带动作用"把蛋糕做大"，那么"扎实推进共同富裕"，既要强调"把蛋糕分好、分公平"，又要坚持继续"把蛋糕做大"。因而，绝不能把共同富裕简单理解成"均贫富"，即在"分蛋糕"问题上应当更加注重"富脑袋"和"授之以渔"的问题，而不是通过"授之以鱼"的简单方式来"富口袋"，因为那种"富口袋"的方式是不可持续的，没能解决源头上的问题。

在数字技术的推动下，未来将是万物互联、智能联网式生产的时代。这种智能联网不仅限于单一工厂内部，而是涵盖多个企业多个工厂，通过联网构建起虚拟制造体系，为产品生产提供全面的智能支持。以标准化和数字化为基础的产品设计，是实现智能生产的关键支撑。

作为民营经济大省和市场经济最发达的省份之一，浙江省坚持先行先试，持续推动两新组织党建工作创优建强。随着我国进入扎实推动共同富裕的新阶段以及浙江共同富裕示范区建设的启动，浙江省还积极将"构建初次分配、再分配、第三次分配协调配套的制度体系"贯彻到两新组织党建工作创新之中，坚决贯彻落实了党中央关于民营经济的工作方针和推进共同富裕的新方针，在为资本设置"红绿灯"、坚决遏制资本无序扩张的同时，积极为民营企业的创新和发展创造条件、提供支持。

党的二十大报告强调，"坚持大抓基层的鲜明导向，抓党建促乡村振兴，加强城市社区党建工作，推进以党建引领基层治理，持续

---

① 《让城市更聪明更智慧》，《解放日报》2020年4月5日。

整顿软弱涣散基层党组织,把基层党组织建设成为有效实现党的领导的坚强战斗堡垒"。① 在乡村振兴、城市党建等工作领域,浙江省积累了宝贵的经验;在高水平建设共同富裕示范区的前行道路上,基层党组织与乡村振兴和城市发展的有效结合,仍将是浙江省实现共同富裕和现代化"两个先行"的重要支撑。

第四节　纵深推进数字化改革,为高质量发展建设共同富裕示范区提供强劲动力

近年来,推进数字化改革与建设共同富裕示范区同为浙江省委、省政府的中心工作。对于作为数字经济大省的浙江而言,这两项中心工作存在密切内在联系,因而在实践中是协同推进、并行不悖的。

一　党建引领跨越"数字鸿沟"

20世纪八九十年代以来,世界发生了一系列重大变化。从西方内部来看,撒切尔—里根开启的改革进程改变了资本主义发展模式,结束了第二次世界大战后凯恩斯主义主导的国家资本主义模式,让新自由主义成为西方的主导意识形态;从全球层面看,冷战逐步走向了终结,互联网等科技革命推动的新一轮全球化浪潮加速推进,重塑了国际政治格局和诸多国家经济社会的基本面貌,在资本流向世界的同时,利润也不断流向西方。

20世纪末以来,在互联网革命的推动下,数字经济的蓬勃兴起深刻改变了人类社会面貌。正如习近平总书记指出,"数字经济发展速度之快、辐射范围之广、影响程度之深前所未有,正在成为重组全球要素资源、重塑全球经济结构、改变全球竞争格局的关键力

---

① 习近平:《高举中国特色社会主义伟大旗帜　为全面建设社会主义现代化国家而团结奋斗——在中国共产党第二十次全国代表大会上的报告》,人民出版社2022年版,第67页。

量"。① 不过，数字技术在助力经济发展的同时，其可能扩大贫富差距的现象，即所谓的"数字鸿沟"（Digital Divide）问题，也引发了人们的关注。所谓的"数字鸿沟"是指在全球信息化、网络化、数字化进程中，不同国家、地区、行业、人群之间，由于对信息、网络技术的拥有程度、应用程度以及创新能力的差别而造成的信息落差及贫富进一步两极分化的趋势，并由此带来一系列"数字时代的技术伦理的困境"。②

当然，"数字鸿沟"现象的存在并不能否认数字技术对于经济发展显著的赋能和助推作用。由此，数字技术对于实现共同富裕而言必然具有"双刃剑效应"。解决问题的关键并不在于改变"剑"的特性，而在于"舞剑的人"如何把握"剑"的特性，扬长避短，为我所用。在党的全面领导下，社会主义制度下的中国完全有能力在充分发挥数字技术对经济发展促进作用、释放数字经济活力的同时，限制其可能带来的加剧贫富分化等负面效应，从而跨越"数字鸿沟"。③

资本主义制度的固有特征与数字经济自身的若干特征相结合，决定了资本主义国家在国内外积累起来的巨额财富，并没有普惠、均衡地流向社会各阶层，而是日益聚集到了少数资本掌握者手中，多数普通民众并没有从中获得好处，反而导致日益相对甚至绝对地贫困化和被边缘化。在世界经济持续低迷的大环境下，以前作为社会稳定支柱的中产阶级的生活长期无法得到改善，日趋艰难，"数字鸿沟"的问题日益凸显。

作为民营经济大省，浙江省素来以"藏富于民"闻名，建设共同富裕示范区具有比较好的基础。当然，也应当看到，民营经济就

---

① 习近平：《不断做强做优做大我国数字经济》，《求是》2022年第2期。
② 王乐：《"数字遗民"与数字赋能：数字时代技术伦理的困境与出路》，《昆明理工大学学报》（社会科学版）2022年第5期。
③ 徐丹丹：《数字化改革赋能共同富裕的忖量与策略》，《山西高等学校社会科学学报》2022年第9期。

其性质而言毕竟属于非公有制经济，它在释放市场活力、助力"一部分人一部分地区先富起来"的同时，在客观上也可能造成企业经营者获利多、财富增长快，进而在富裕程度上将其他社会群体特别是弱势群体远远"甩在身后"的问题。进入21世纪以来，数字经济在浙江省经济中的比重越来越大，在民营经济中也成为重要支柱。在这种背景下，只有加强党对民营经济、数字经济的全面领导，才能避免出现西方式的"数字鸿沟"。

二 数字化改革助推共同富裕的路径和机理

数字化带来的影响不仅限于经济领域，也渗入到了社会、文化等方面，给人类的生存、生产和生活带来了全方位的影响，深刻改变着世界和各个国家的治理。从某个角度看，以数字经济、数字社会、数字治理等为基础的"数字文明"，可能成为与近代以来"工业文明"相对应的一种新的文明类型。那么，作为社会主义国家的中国应该建设什么样的"数字文明"？

简而言之，我国建设的"数字文明"必须充分体现社会主义的本质要求，即体现"解放生产力，发展生产力，消灭剥削，消除两极分化，最终达到共同富裕"的目标和主张，将其渗入到数字经济、数字社会、数字治理等方方面面。

推进共同富裕是中国式数字化改革的价值取向和目标引领，在中国特色社会主义制度之下，数字化改革与共同富裕能够互融、互塑，由此，两者能够有效实现"制度协同"。①《中共中央 国务院关于支持浙江高质量发展建设共同富裕示范区的意见》将"保障不同群体更好共享数字红利"作为夯实共同富裕的物质基础的路径导向。在谈到如何贯彻上述意见要求时，时任浙江省委书记袁家军同志着重强调要"以数字化改革撬动共同富裕体制机制创新取得重大突破性

---

① 赵永帅：《数字化改革与共同富裕的制度协同》，《福建师范大学学报》（哲学社会科学版）2022年第5期，第10页。

成果"。①

三 浙江省以数字化改革为实现共同富裕打造动力源和能力集

近年来,浙江省提出了"1612"体系构架的目标,集中概括了浙江省以数字化改革为实现共同富裕打造动力源和能力集所采取的系列"组合拳",浓缩了浙江数字化改革的"数字密码"。具体来说,第一个"1"即一体化智能化公共数据平台(平台+大脑),"6"即党建统领整体智治、数字政府、数字经济、数字社会、数字文化、数字法治六大系统,第二个"1"即基层治理系统,"2"即理论体系和制度规范体系——形成一体融合的改革工作大格局。

具体来说,数字化改革的"1612"体系构架强调抓好牵一发动全身重大改革攻坚突破,继续聚焦牵一发动全身重大改革,编制并动态更新重大改革"一本账",将牵一发动全身重大改革分成迭代升级一批、启动实施一批、谋划推进一批三类,分类推进,重点攻坚"大综合一体化"行政执法改革、亚运智慧服务保障体制机制集成改革、打造"浙有善育"应用、推进公权力大数据监督应用扩面提质迭代、深化国土空间治理改革、迭代升级七张问题清单等,打造一批具有浙江辨识度的标志性成果。

"1612"体系构架强调探索"大脑"建设路径,在全面实现支撑核心业务运行监测评估的基础上,提升"大脑"的预测、预警和战略管理支撑能力,推动全量归集,强化多维集成,推动赋能跃升,加快探索各领域"大脑"建设的新路径,更加突出智能化智慧化,以算力换人力,以智能增效能,着力提升拓展各领域"大脑"核心能力。

"1612"体系构架强调推动重大应用全面贯通,迭代完善业务协

---

① 何玲玲、袁震宇、商意盈:《高质量发展建设共同富裕示范区——访浙江省委书记袁家军》,《政策瞭望》2021年第6期。

同和数据共享网关，打通贯通的技术枢纽，将重点功能模块嵌入集成到基层治理各项业务，将多跨协同的运行模式覆盖到各层级各领域，做好应用界面优化，开展用户分析，强化适配性创新。这项体系构建强调巩固形成具有普遍意义的数字化改革理念、思路、方法、手段，让更多人学习掌握运用，进一步提升干部多跨协同的能力、系统重塑的能力、战略目标选择和管理的能力，有效提升了浙江的"整体智治"水平。①

四 数字化改革为浙江共同富裕示范区建设提供了强劲动能

建设共同富裕示范区是浙江推进数字化改革的时代背景，助力共同富裕示范区建设则是浙江省推进数字化改革进程中的重要考量。在数字化改革中，浙江省创新发展了"系统+跑道""平台+大脑""改革+应用""理论+制度"等创新模式，形成了诸多具有浙江省辨识度和全国影响力的重要成果，并借助这些重要成果破解了一批传统手段难以解决的共同富裕普遍性难题。

浙江省在推进数字化改革当中，非常重视相关改革工作与党建工作特别是数字党建的同步推进与有效融合，且在此过程中，主动把融入浙江建设共同富裕示范区的时代议程作为开展工作时的重要考量。在这方面，杭州市余杭区组建数字化改革企业党建联建的举措非常有代表性。我们可以通过考察这一典型地区数字化改革的案例，来管窥数字化改革助力浙江省共同富裕示范区建设的整体情况。

余杭区是杭州市乃至浙江数字经济的重镇。2021年，余杭区数字经济核心产业增加值突破1600亿元，总量位居浙江省全省第一；创新发展和人才引培工作成果显著，新增国家高新技术企业509家，数量为浙江全省第一；海外高层次人才4955名，人才总量突破31万。该区作为数字经济集聚区，聚集了大量优秀青年党员和高科技人才。

---

① 陈宏彩等：《数字化改革与整体智治》，中共中央党校出版社2021年版。

近年来，为更好发挥企业青年党员才俊的优势，余杭区紧扣浙江省委、省政府"全力创建全面数字化改革引领区"决策部署，充分发挥余杭数字化企业集聚优势，不断拓展创新数字经济党建组织生活新模式，打造了不少具有辨识度和影响力的数字党建工作品牌，为数字化改革的有效推进注入了新活力。

在此基础上，2022年6月，余杭区举行了数字化改革企业党建联建启动仪式，218家企业成为首批联盟成员。此次数字化改革企业党建联建的启动是余杭区将党建优势转化为产业优势的又一探索，旨在通过固盟、强盟，以高标准党建持续推动高质量发展，构建"党建统领统合、各方协同参与、数智精准赋能、作用实质发挥"的党建联建工作格局。利用数字化改革企业联盟举行启动仪式的契机，余杭区还组织相关领域专家，围绕"党建如何赋能产业发展和社会治理促进共同富裕"等主题开展了研讨交流活动。

浙江省的数字化改革涉及领域涵盖经济、政治、文化、社会、生态文明建设和党的建设各方面。在推进改革的实践中，浙江省各级党组织坚持问题导向，强调"问题发现靠党建、问题发生查党建、问题解决看党建"，有效打开了党建优势、科技优势、数字化优势转化为发展优势、治理优势的通道。① 浙江省各地普遍建立了聚焦巡视、审计、督查、生态环保、安全生产、自然灾害、网络舆情、群众信访等领域重大问题的"七张问题清单"，通过加强整改突破制约发展的瓶颈问题。浙江省以问题清单为抓手，通过解决问题推进党建，形成了党建引领、整体智治、唯实唯先的干事创业格局。

---

① 哲祖平：《加快打开党建优势转化为发展优势治理优势的通道》，《浙江日报》2022年3月2日。

参考文献

一 中文文献

（一）著作

《习近平谈治国理政》第4卷，外文出版社2022年版。

习近平：《干在实处 走在前列——推进浙江新发展的思考与实践》，中共中央党校出版社2006年版。

习近平：《论坚持全面深化改革》，中央文献出版社2018年版。

习近平：《之江新语》，浙江人民出版社2007年版。

《中国共产党第二十次全国代表大会文件汇编》，人民出版社2022年版。

《中共中央国务院关于支持浙江高质量发展建设共同富裕示范区的意见》，人民出版社2021年版。

［美］阿图·葛文德：《清单革命》，王佳艺译，北京联合出版有限公司2017年版。

［美］埃莉诺·奥斯特罗姆：《公共事物的治理之道——集体行动制度的演进》，余逊达、陈旭东译，上海三联书店2000年版。

［美］丹尼·罗德里克：《新全球经济与发展中国家：让开放起作用》，王勇译，世界知识出版社2004年版。

［美］沃尔特·W. 鲍威尔：《组织分析的新制度主义》，姚伟译，上海人民出版社2008年版。

陈宏彩等：《数字化改革与整体智治》，中央党校出版社 2021 年版。

董幼鸿、石晋昕：《城市治理数字化：探索、反思与愿景》，上海人民出版社 2022 年版。

胡忠昭：《数字化与党的领导力》，中共中央党校出版社 2022 年版。

李君如：《办好中国的事情，关键在党》，中国人民大学出版社 2016 年版。

缪仁炳：《创业导向的文化根植：基于温州与关中两地的实证分析》，上海三联书店 2006 年版。

徐彬等：《数字党建：数字管党的理论与实践》，浙江人民出版社 2021 年版。

徐勇、邓大才：《土地股份合作社与集体经济有效实现形式》，中国社会科学出版社 2015 年版。

延安民主模式研究课题组：《延安民主模式研究资料选编》，西北大学出版社 2004 年版。

郁建兴等：《"最多跑一次"改革：浙江经验，中国方案》，中国人民大学出版社 2019 年版。

赵树凯：《乡镇治理与政府制度化》，商务印书馆 2010 年版。

（二）期刊、报纸

习近平：《不断做强做优做大我国数字经济》，《求是》2022 年第 2 期。

习近平：《在庆祝中国共产党成立 100 周年大会上的讲话》，《求是》2021 年第 14 期。

陈一新：《"五治"是推进国家治理现代化的基本方式》，《求是》2020 年第 3 期。

程龙、于海波：《变革型与交易型领导如何推动组织学习——基于组织文化的完全中介作用》，《山东财经大学学报》2018 年第 6 期。

范瑞光、赵军锋：《赋能共同富裕的数字政府治理：结构、过程与功能——基于浙江经验的考察》,《电子政务》2022 年第 10 期。

费艳颖、汪杨梦笛:《习近平关于网络空间治理重要论述:生成语境、科学思维及时代价值》,《思想教育研究》2022 年第 9 期。

傅雨飞:《政府机构改革磨合阶段的组织文化变革与冲突》,《上海行政学院学报》2022 年第 5 期。

耿亚东:《大数据对传统政府治理模式的影响》,《青海社会科学》2016 年第 6 期。

何玲玲、袁震宇、商意盈:《高质量发展建设共同富裕示范区——访浙江省委书记袁家军》,《政策瞭望》2021 年第 6 期。

何石:《基层治理现代化背景下乡镇综合执法体制改革研究》,《经济研究导刊》2021 年第 30 期。

洪恒飞、江耘:《深入实施"一号工程"浙江抢占数字经济制高点》,《科技日报》2022 年 7 月 21 日第 5 版。

黄鹏进:《党建联盟引领乡村共同富裕的实践逻辑》,《杭州》2021 年第 20 期。

纪林繁:《社会治理体系中负面清单的管理模式》,《行政论坛》2017 年第 2 期。

《坚持和完善人民代表大会制度 不断发展全过程人民民主》,《人民日报》2021 年 10 月 15 日第 1 版。

江国华、罗栋梁:《乡镇政府治理职能完善与治理能力现代化转型》,《江西社会科学》2021 年第 7 期。

姜裕富:《党建统领:社会治理的一个分析框架——以衢州为例》,《农业农村部管理干部学院学报》2021 年第 4 期。

李敏:《发挥农村基层党组织"头雁效应"的机理、困境和路径》,《山东农业工程学院学报》2020 年第 9 期。

刘洪:《组织变革的复杂适应系统理论》,《经济管理》2006 年第 9 期。

刘洪、周玲:《公司成长的复杂性分析》,《中国软科学》2004 年第

11 期。

刘桦杰：《浙江山区 26 县综合发展实力的实证研究》，《现代营销》2022 年第 7 期。

刘涛：《共同富裕治理的制度主义方法论》，《治理研究》2021 年第 6 期。

罗安宪：《多元和合是中国哲学的根本》，《中国人民大学学报》2019 年第 3 期。

钱玉英、钱振明：《制度建设与政府决策机制优化：基于中国地方经验的分析》，《政治学研究》2012 年第 2 期。

渠敬东、周飞舟、应星：《从总体支配到技术治理——基于中国 30 年改革经验的社会学分析》，《中国社会科学》2009 年第 6 期。

《让城市更聪明更智慧》，《光明日报》2020 年 4 月 5 日第 2 版。

《深刻认识推进量子科技发展重大意义 加强量子科技发展战略谋划和系统布局》，《人民日报》2020 年 10 月 18 日第 1 版。

《审时度势精心谋划超前布局力争主动 实施国家大数据战略加快建设数字中国》，《人民日报》2017 年 12 月 10 日第 1 版。

《省委举行新闻发布会 介绍建立"八八战略"实施综合评估报告机制，通报 2020 年度"八八战略"实施情况，黄建发作主题发布并答记者问》，《浙江日报》2021 年 7 月 16 日第 1 版。

《实现共同富裕须把握好几个重要关系》，《经济日报》2022 年 2 月 21 日第 12 版。

孙林：《数字党建中的数字化困境及其破解路径》，《中国井冈山干部学院学报》2022 年第 4 期。

唐任伍、孟娜、刘洋：《关系型社会资本："新乡贤"对乡村振兴战略实施的推动》，《治理现代化研究》2021 年第 1 期。

王丹：《新经济时代下企业组织架构敏捷变革新趋势》，《中国中小企业》2022 年第 6 期。

王乐：《"数字遗民"与数字赋能：数字时代技术伦理的困境与出

路》,《昆明理工大学学报(社会科学版)》2022年第5期。

王史潇傲、包海波、马陈栋:《赋能乡村共同富裕的多维路径机制研究——以浙江为例》,《江南论坛》2022年第8期。

王思林:《延安时期中国共产党组织适应性研究——以陕甘宁边区为中心的考察》,《中共浙江省委党校学报》2015年第6期。

王伟玲:《我国数字政府顶层设计的理念辨析与实践指向》,《行政管理改革》2021年第6期。

王文彬:《自觉、规则与文化:构建"三治融合"的乡村治理体系》,《社会主义研究》2019年第1期。

魏崇辉:《面向共同富裕的全过程人民民主:内在机制与推进路径》,《行政论坛》2022年第5期。

吴金群:《乡镇治理的制度化及其提升策略——基于全国30个乡镇规程的比较研究》,《南京社会科学》2013年第11期。

吴新叶:《"精英下沉"有利于优化人才结构和基层治理》,《探索与争鸣》2015年第10期。

徐丹丹:《数字化改革赋能共同富裕的忖量与策略》,《山西高等学校社会科学学报》2022年第9期。

郁建兴、任杰:《共同富裕的理论内涵与政策议程》,《政治学研究》2021年第3期。

曾凡军、潘懿:《基层治理碎片化与整体性治理共同体》,《浙江学刊》2021年第3期。

赵永帅:《数字化改革与共同富裕的制度协同》,《福建师范大学学报(哲学社会科学版)》2022年第5期。

哲祖平:《加快打开党建优势转化为发展优势治理优势的通道》,《浙江日报》2022年3月2日第2版。

二 外文文献

BETTENCOURT L A., "Change-oriented Organizational Citizenship Behaviors: The Direct and Moderating Influence of Goal Orientation", *Journal of Retailing*, 2004 (80).

EDMONDSON A., "Psychological Safety and Learning Behavior in Work Team", *Administrative Science Quarterly*, 1999, 44 (2).

Gil-Garcia R., *Enacting Electronic Government Success. An Integrative Study of Governmentwide Websites, Organizational Capabilities, and Institutions*, Springer: New York, 2012.

Holland J H., "Hidden Order: How Adaptation Builds Complexity", *Leonardo*, 1995 (29).

JUNG D I, CHOW C, WU A., "The Role of Transformational Leadership in Enhancing Organizational Innovation: Hypotheses and Some Preliminary Findings", *The Leadership Quarterly*, 2003. 14 (4).

Luna-Reyes L F, Gil-Garcia J R., "Using Institutional Theory and Dynamic Simulation to Understand Complex E-government Phenomena", *Government Information Quarterly*, 2011, 28 (3).

Luna-Reyes L F, Hernández-García J M, Gil-Garcia J R., "Hacia un Modelo de los Determinantes de éxito de los Portales de Gobierno Estatal en México", *Gestión Y Política Pública*, 2009, 2.

RHOADES L, EISENBERGER R., "Perceived Organizational Support: A Review of the Literature", *Journal of Applied Psychology*, 2002, 87 (4).

SHALLEY C E, GILSON L L., "What Leaders Need to Know: a Review of Social and Contextual Factors that Can Foster or Hinder Creativity", *The Leadership Quarterly*, 2004, 15 (1).

后　　记

　　党的二十大报告指出，中国式现代化是全体人民共同富裕的现代化。截至目前，研究共同富裕的成果不少，思考党建引领共同富裕的不多。本书大量篇幅关涉共同富裕，研究重心始终在党。

　　本书试图展现的正是一个长期执政的百年大党，如何发挥组织优势和制度优势，带领全体人民在脱贫攻坚、全面小康之后坚持实现共同富裕，如何在这一过程中披荆斩棘、百炼成钢。

　　发展成就是衡量党执政成效和先进性的基本标尺，如何坚持党建引领共同富裕不动摇，并推动中国式现代化进程，就是未来党面临的一大战略任务。本书试图传递的思考是，共同富裕绝不仅仅是经济基础层面的问题，也是重要的政治问题，更是对执政党治国理政能力的全方位考验。

　　浙江先行先试建设共同富裕示范区的过程，就是中国共产党人发扬团结奋斗、敢于斗争的精神，干在实处、走在前列的过程，是引领社会主义事业在新时代发展探索的生动实践。浙江省在高质量发展建设共同富裕示范区的伟大实践中踔厉奋发、勇毅前行，积累了大量党建引领共同富裕的宝贵经验。这些经验包括但不限于：习近平总书记在浙江工作期间关于党建引领共同富裕的论述与实践，为党建引领共同富裕的浙江实践提供了重要指引；践行全过程人民民主，推动高质量建设共同富裕示范区；重视各层次多元化党建，坚持高质量发展建设共同富裕示范区的组织引领；共享优质公共服务，助力共同富裕示范区建设；打造忠诚干净担当的专业化干部队伍，坚持高质量发展建设共同富裕示范区的骨干引领；科技赋能、创新党政智治，坚持高质量发展建设共同富裕示范区的数字化引领。浙江先行实践面临的挑战也成为其他地区党建引领共同富裕的重要借鉴。

本书是中国社会科学院院际合作课题"浙江省高质量发展建设共同富裕示范区研究"的"党建引领共同富裕"专题研究成果之一。该项研究得到了中国社会科学院党组的高度重视和浙江省委、省政府的大力支持，得到了浙江省合作单位、专家学者和当地干部群众的大力协助。在此，一并表示衷心的感谢！

本书分工如下：确定写作思路与组织调研，张树华；序言，张树华、徐彬；第一章，李黄骏；第二章，陈洁琼；第三章，徐海峰；第四章，陈承新；第五章，卜永光；后记，张树华、陈承新；全书统稿，张树华、陈承新。

党的二十大报告将坚持中国共产党的领导作为中国式现代化的首要本质要求。我们相信，只要始终坚持党建引领共同富裕，并不断加强和改善党的领导，全体人民共同富裕的梦想一定能实现。

张树华　陈承新
2024 年 5 月